"Praktische, nuttige informatie en technieken zodat het natuurlijke vermogen van het lichaam kan werken aan healing—een prachtige bijdrage."
—Dr. Wayne Dyer
auteur van *Willen is kunnen*

"Dr. Sha is een belangrijk leraar en een geweldige genezer met een waardevolle boodschap over de kracht van de ziel om alle aspecten van het leven te beïnvloeden en transformeren."
—Dr. Masaru Emoto
auteur van *De boodschap van water*

"Dr. Sha stelt geheime technieken en inzichten beschikbaar die in het verleden alleen toegankelijk waren voor een selecte groep. In eenvoudige taal deelt hij de inzichten en hulpmiddelen die hij door meer dan dertig jaar hard werken en discipline heeft verkregen. Hij geeft je toegang tot informatie die anders onbereikbaar zou zijn."
—Dr. John Gray
auteur van *Mannen komen van Mars, vrouwen komen van Venus*

"Wij, het menselijk ras, hebben meer Zhi Gang Sha nodig."
—Dr. Maya Angelou
auteur van *Ik weet waarom gekooide vogels zingen*

"Dr. Sha biedt een duidelijk, praktisch traject om de geheimen van zelf-healing te leren."
—Marianne Williamson
auteur van *Terugkeer naar liefde*

"Het Tao lied dat Master Sha zingt, is een muzikaal geschenk. Het heeft een zuiverheid en resonantie waarop alleen hij aanspraak kan maken. Zijn stem is als de stem van God die zingt."
—Roberta Flack
muzikant en winnares Grammy Award

TAO KALLIGRAFIE HEALINGVELD

EEN INFORMATIESYSTEEM MET ZES BELANGRIJKE
TAO TECHNIEKEN DIE JE DE KRACHT GEVEN VOOR
HEALING EN TRANSFORMATIE VAN JE LEVEN

DR. EN MASTER ZHI GANG SHA

De informatie in dit boek is educatief bedoeld en niet voor het diagnosticeren van of voorschrijven of behandelen bij enige medische aandoening. De inhoud van dit boek is bedoeld om te worden gebruikt als aanvulling op een rationeel en verantwoord medisch traject dat is voorgeschreven door een professioneel zorgverlener. De auteur en uitgever zijn op geen enkele wijze aansprakelijk voor enig misbruik van het materiaal.

Copyright © 2020 par Heaven's Library Publication Corp.

Gepubliceerd door Heaven's Library Publication Corp.
en Waterside Productions.

Alle rechten voorbehouden. Behalve als kort citaat in kritische publicaties of artikelen, mag zonder vooraf verstrekte schriftelijke toestemming geen enkel deel van deze publicatie worden opgeslagen in een terugzoeksysteem of op enige wijze worden gebruikt, verzonden, gereproduceerd of vertaald. Het lotus-logo van Heaven's Library, de Tao Kalligrafie *Xu* en de Tao Kalligrafie *Da Ai* zijn handelsmerken van Heaven's Library Publication Corp.

Heaven's Library Publication Corp.
30 Wertheim Court, Unit 27D
Richmond Hill, ON L4B 1B9 Canada
www.heavenslibrary.com
heavenslibrary@drsha.com

Waterside Productions
2055 Oxford Ave.
Cardiff, CA 92007
www.waterside.com

Vertaald door Travod International Ltd.
Geredigeerd door Renée Henkemans

ISBN: 978-1-949003-70-3 afdrukken op aanvraag
ISBN: 978-1-949003-71-0 e-boek

Ontwerp: Lynda Chaplin
Illustraties: Henderson Ong
Animaties: Hardeep Kharbanda
Audio: Zhi Gang Sha

Inhoudsopgave

Lijst van afbeeldingen		ix
Hoe doe je de oefeningen in dit boek		xi
Inleiding		xiii
1	**Tao Kalligrafie**	**1**
	Wat is Tao Kalligrafie?	1
	Kracht en betekenis van Tao Kalligrafie	4
	Tao Kalligrafie volgen, chanten, schrijven	6
	Tao Kalligrafie-lichtveldtransmissies van een Tao Kalligrafie	13
2	**De Tien Grootste Kwaliteiten van Tao Bron**	**15**
	Wat zijn de Tien Grootste Kwaliteiten?	15
	Kracht en betekenis van de Tien Grootste Kwaliteiten	17
	Grootste liefde—Da Ai	17
	Grootste vergeving—Da Kuan Shu	18
	Grootste compassie—Da Ci Bei	21
	Grootste licht—Da Guang Ming	22
	Grootste nederigheid—Da Qian Bei	22
	Grootste harmonie—Da He Xie	24
	Grootste bloei—Da Chang Sheng	25
	Grootste dankbaarheid—Da Gan En	27
	Grootste dienstbaarheid—Da Fu Wu	28
	Grootste verlichting—Da Yuan Man	29

3	**Zes belangrijke Tao krachttechnieken**	33
	Lichaamskracht	33
	Zielenkracht	34
	Geestkracht	34
	Klankkracht	35
	Ademkracht	35
	Tao Kalligrafiekracht	36
	Zes krachten samengevoegd als één	36
	Vergeving	37
4	**Healing en transformatie met de Vijf Elementen**	39
	Wat zijn de Vijf Elementen?	39
	Kracht en betekenis van de Vijf Elementen voor healing en transformatie	42
5	**Pas zes belangrijke Tao krachttechnieken toe voor healing van de Vijf Elementen van het fysieke en emotionele lichaam**	51
	Element Hout	52
	Afwisselend uitvoeren van yin-yang-paar	60
	Hoe kun je andere Tao Kalligrafieën vinden voor het toepassen van Tao Kalligrafiekracht	61
	Element Vuur	63
	Element Aarde	66
	Element Metaal	69
	Element Water	73
6	**Zes belangrijke Tao krachttechnieken toepassen voor healing van het mentale lichaam**	77
7	**Zes belangrijke Tao krachttechnieken toepassen voor healing van het spirituele lichaam**	83
8	**Zeven chakra's (zielenhuizen) en Wai Jiao**	89
	Kracht en betekenis van de zeven chakra's (zielenhuizen) en Wai Jiao	91
	Kracht en betekenis van healing en transformatie van de zeven chakra's (zielenhuizen) en Wai Jiao	95

9	**Zes belangrijke Tao krachttechnieken toepassen voor healing van de zeven chakra's (zielenhuizen) en Wai Jiao**	**97**
	Yin-Yang-Handpositie	98
	Eerste chakra of zielenhuis	98
	Tweede chakra of zielenhuis	101
	Derde chakra of zielenhuis	104
	Vierde chakra of zielenhuis	107
	Vijfde chakra of zielenhuis	110
	Zesde chakra of zielenhuis	113
	Zevende chakra of zielenhuis	116
	Wai Jiao	119
10	**Shen Qi Jing-Kanalen**	**123**
	Qi-Kanaal	123
	Jing-Kanaal	125
	Shen-Kanaal	126
	Kracht en betekenis van de Shen Qi Jing-Kanalen	128
	Oefening met Shen Qi Jing-Kanalen voor healing en transformatie	129
11	**Zes belangrijke Tao krachttechnieken toepassen voor healing en transformatie van relaties**	**133**
12	**Zes belangrijke Tao krachttechnieken toepassen voor healing en transformatie van financiën**	**139**
Conclusie		**145**
Bijlage		**147**
	Casestudies onderzoek Tao Kalligrafie Healingveld door Peter Hudoba, chirurg	
Over de auteur		**161**

Lijst van afbeeldingen

Figuur 1	Mondiale omzet wellness	xiv
Figuur 2	Zestien basispenseelstreken in Chinese karakters	2
Figuur 3	Chinees karakter 'ai' (liefde): traditioneel schrift en Yi Bi Zi	3
Figuur 4	Handpositie bij volgen met vijf vingers	8
Figuur 5	Pad bij volgen Tao Kalligrafie 'Ai' (liefde)	8
Figuur 6	Positie bij volgen met Dan-methode	9
Figuur 7	Waterpapier Tao Kalligrafie *Da Ai*	12
Figuur 8	De Vijf Elementen van het fysieke en emotionele lichaam	40
Figuur 9	De Vijf Elementen in de natuur en meer	41
Figuur 10	Genererende relaties van de Vijf Elementen	43
Figuur 11	Controlerende relaties van de Vijf Elementen	44
Figuur 12	Tao Kalligrafie *Xu*, de klank voor het Element Hout	58
Figuur 13	Het pad bij het volgen van Tao Kalligrafie 'Xu'	59
Figuur 14	De zeven chakra's (zielenhuizen) van de mens	90
Figuur 15	Zeven zielenhuizen, San Jiao, Wai Jiao, Ming Men-punt, Onderste Dan Tian en Wei Lü	92
Figuur 16	Yin-Yang-Handpositie	98
Figuur 17	Qi-Kanaal	124
Figuur 18	Jing-Kanaal	126
Figuur 19	Shen-Kanaal	127

Hoe doe je de oefeningen in dit boek

DIT BOEK BEVAT WIJSHEID, kennis en allerlei oefeningen voor healing en transformatie van onder andere je gezondheid, relaties en financiën. In feite zijn al mijn boeken een combinatie van les- en oefenmateriaal. Oefenen is cruciaal voor healing en transformatie. Wijsheid zonder oefenen is slechts theorie. Oefenen zonder wijsheid werkt niet altijd.

In dit boek vind je meer dan twintig belangrijke methodes en krachtige mantra's die ik geleerd heb van Tao Bron. Het verheugt mij, beste lezer, dat als leidraad bij je oefeningen in dit boek animatievideo's zijn opgenomen. In elke video word je op heldere wijze stap voor stap begeleid bij het uitvoeren van de belangrijkste oefeningen in dit boek. Ik chant bij elke oefening ook de mantra's, zodat je de oefeningen dus eigenlijk samen met de animaties en mijn chant kunt uitvoeren.

Oefen. Oefen. Oefen.

Ervaar de healing.

Ervaar de transformatie.

Met liefde en zegening,

Dr. en Master Zhi Gang Sha

Toegang tot de oefenvideo's

Gebruik onderstaande URL of scan met je smartphone of ander geschikt apparaat de QR-code om toegang te krijgen tot de video's. Je hebt geen speciale app nodig.

https://tchf.heavenslibrary.com

Een QR-code scannen met je Android-apparaat
1. Start de camera op je apparaat.
2. Richt het op de QR-code.
3. Volg de instructies op je scherm.

Een QR-code scannen met je iOS-apparaat
1. Start de camera op je apparaat.
2. Houd je apparaat zo vast dat de QR-code verschijnt in de zoeker van de camera. Je apparaat herkent de QR-code en geeft een melding.
3. Tik op de melding om de link te openen die aan de QR-code is gekoppeld.

Inleiding

DE MENSHEID EN MOEDER AARDE bevinden zich in een bijzondere tijd. Veel mensen staan voor grote uitdagingen op het gebied van gezondheid, relaties of financiën. Er vinden veel ernstige natuurrampen plaats. Over de hele wereld spelen politieke en economische kwesties. De mensheid staat voor uitdagingen in ziel, hart, geest en lichaam.

Miljoenen mensen zoeken oplossingen voor hun uitdagingen. Ze maken gebruik van de westerse geneeskunde, traditionele Chinese geneeskunde, aanvullende en alternatieve geneeskunde, yoga, Reiki, qigong, tai chi en andere methodes. Ze nemen les in mindfulness en meditatie en volgen allerlei spirituele paden. Deze leringen en methodes worden ondersteund door het onderzoeksveld dat de voordelen bestudeert van onder andere energie (qi) ontwikkeling, mindfulness, meditatie, dankbaarheid en vergeving. Miljoenen mensen zijn werkelijk op zoek naar healing en transformatie.

Uit enquêtes en studies blijkt dat mensen rijkelijk investeren—geld, tijd, energie—in hun zoektocht naar dingen als gezondheid, welzijn, ziektepreventie, zelf-healing en een gezonde levensstijl. Zie afbeelding 1 voor een overzicht van de mondiale omzet in gezondheid en welzijn in 2017.

Als het gaat om hun gezondheid, relaties en financiën willen mensen innerlijke vrede en vreugde. Hoe kunnen we de mensheid helpen allerlei uitdagingen het hoofd te bieden en innerlijke vrede en vreugde te bereiken? Hoe krijg je innerlijke rust en vreugde?

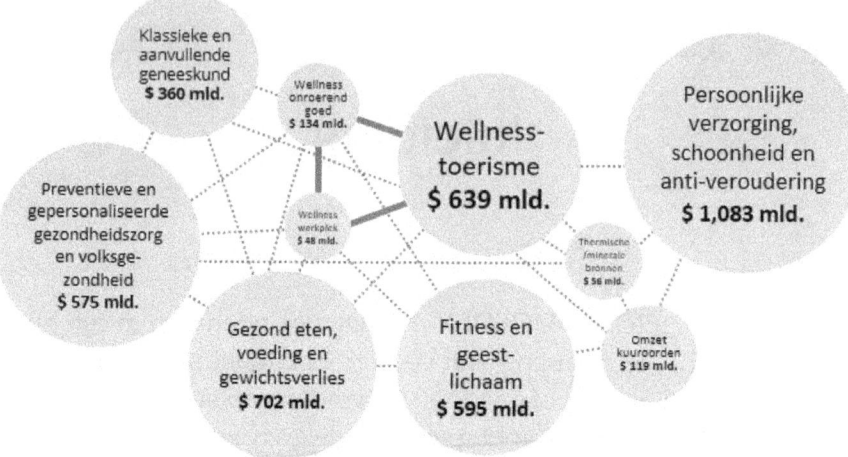

Figuur 1. Mondiale omzet wellness

In deze bijzondere tijd voel ik dat jij, je familie, gemeenschap, stad, land en Moeder Aarde veel behoefte hebben aan liefde, vrede en harmonie.

Waarom zijn mensen ongezond? Waarom hebben mensen relatieuitdagingen? Waarom hebben mensen financiële uitdagingen? In één zin gezegd:

Uitdagingen op het gebied van gezondheid, relaties en financiën ontstaan doordat onze gezondheid, relaties en financiën niet in liefde, vrede en harmonie zijn.

Hoe kunnen we jou, de mensheid en Moeder Aarde liefde, vrede en harmonie brengen? We kunnen beginnen met meditatie.

Meditatie kan innerlijke rust en innerlijke vreugde geven. Gedurende duizenden jaren zijn er honderden meditatiestijlen ontwikkeld. Veel meditatietechnieken zijn zeer krachtig; ze kunnen iemands gezondheid, relaties of financiën veranderen.

Aan mij de eer om in dit boek zowel oude als moderne diepe wijsheid en praktische technieken te integreren voor healing en transformatie van onder andere je gezondheid, relaties en financiën. Zowel de wijsheid als de technieken zijn eenvoudig en krachtig. Ze kunnen snel een positief effect hebben op je gezondheid, relaties en financiën.

Bij uitdagingen op het gebied van gezondheid, relaties, financiën en elk aspect van het leven is er sprake van geblokkeerde energieën. Deze blokkades creëren een negatief veld. Het helen en transformeren van uitdagingen betekent het negatieve veld transformeren naar een positief veld.

Dit boek deelt zes belangrijke Tao krachttechnieken—zes technieken van Tao Bron om een positief veld te creëren voor liefde, vrede en harmonie in alle aspecten van het leven, waaronder gezondheid, relaties en financiën.

Oude wijsheid onthulde een heilige universele wet, de Wet van Shen Qi Jing. Shen 神 omvat *ziel, hart en geest*. Qi 氣 betekent *energie*. Jing 精 betekent *materie*. De Wet van Shen Qi Jing stelt dat alles en iedereen is gemaakt van shen, qi en jing en verklaart de onveranderlijke relaties tussen shen, qi en jing. (Om het eenvoudig te houden zal ik voortaan 'shen qi jing' gebruiken wanneer *ik shen, qi en jing* bedoel.)

Einsteins beroemde formule $E = mc^2$ geeft uitdrukking aan de natuurkundige wet dat energie en materie gelijkwaardig aan elkaar zijn. Deze formule stelt dat de energie (E) berekend kan worden door de massa (m) te vermenigvuldigen met het kwadraat van de lichtsnelheid (c).

Dr. Rulin Xiu en ik hebben samen Tao Science ontwikkeld,[1] een wetenschap van creatie en grote eenwording waarin wetenschappelijke en spirituele wijsheid samenkomen. We deelden met de mensheid de grote

---

[1] Zie *Tao Science: De Wetenschap, Wijsheid en Praktijk van Schepping en Grote Eenwording* door dr. Rulin Xiu en mijzelf (Cardiff, CA/Richmond Hill, ON: Waterside Press, Heaven's Library Publication Corp., 2017).

eenwordingsformule, S + E + M = 1. In deze formule staat S voor *shen*, E *energie* en M *materie*. '1' betekent het *Tao Source Oneness Field*, ofwel het Grote Eenheidsveld.

Tao is de Bron. De Bron is Tao. Volgens Tao Science komen alle ziekten en alle uitdagingen en blokkades wat betreft gezondheid, relaties en financiën en alle andere aspecten van het leven voort uit het niet op elkaar afgestemd zijn van shen qi jing (S + E + M ≠ 1).

Een mens bestaat uit shen qi jing. Een dier bestaat uit shen qi jing. Een oceaan bestaat uit shen qi jing. Een berg bestaat uit shen qi jing. Steden en landen bestaan uit shen qi jing. Moeder Aarde bestaat uit shen qi jing. Moeder Aarde is één planeet. Er zijn talloze planeten, sterren, melkwegstelsels en universa. Ze bestaan allemaal uit shen qi jing.

De Wet van Shen Qi Jing stelt verder:

靈到心到	ling dao xin dao	De ziel arriveert, het hart volgt.
心到意到	xin dao yi dao	Het hart arriveert, de geest volgt.
意到氣到	yi dao qi dao	De geest arriveert, de energie volgt.
氣到血到	qi dao xue dao	De energie arriveert, de materie volgt.

ling dao xin dao

'Ling 靈' betekent *ziel*. Zowel kwantumwetenschap als Tao Science onderwijzen over informatie of boodschap. Naar mijn mening komen informatie in het wetenschappelijke veld en ziel of spirit in de spirituele wereld op hetzelfde neer.

'Dao 到' betekent *arriveren*. 'Xin 心' betekent *hart*. 'Ling dao xin dao' betekent *ziel of informatie arriveert, hart arriveert*. Dit stelt dat de ziel de baas is. De ziel leidt het hart. Het hart is meer dan alleen het fysieke hart. Het is het emotionele en spirituele hart dat in alles en iedereen zit. Dit hart is de ontvanger van de informatie of boodschap. Als je hart maar voor tien procent open staat, komt slechts tien procent van de boodschap binnen, en dus ook tien procent van de voordelen. Als je hart volledig open staat, komen alle voordelen van de boodschap binnen. Daarom is het openen van je hart een belangrijke wijsheid en een methode voor healing en transformatie van elk aspect van het leven.

xin dao yi dao

'Yi 意' betekent *bewustzijn* en omvat onder meer het oppervlakkige, diepe en onderbewustzijn, en het minimale, waarneembare, fenomenale en toegangsbewustzijn. Sinds de oudheid worden deze allemaal uitgedrukt als 'yi.' Daarnaast kan Yi ook *denken* betekenen. In de moderne tijd verbinden we het bewustzijn en het denken—de geest—aan de hersenen (nao 腦). 'Xin dao yi dao' betekent letterlijk: *hart arriveert, geest arriveert* of *hart arriveert, geest volgt*. Met andere woorden, *het hart geeft de informatie of boodschap door aan de geest*. De geest is de verwerker van de boodschap.

yi dao qi dao

'Qi 氣' betekent *energie*. 'Yi dao qi dao' betekent *de geest geeft de boodschap door aan de energie*. Energie is de vervoerder.

qi dao xue dao

'Xue 血' betekent *bloed*, wat staat voor materie. 'Qi dao xue dao' betekent dat *energie de boodschap doorgeeft aan materie*. Materie is de transformator.

Deze vier zinnen in de Wet van Shen Qi Jing—ling dao xin dao, xin dao yi dao, yi dao qi dao en qi dao xue dao—beschrijven de relaties tussen shen qi jing. Deze relaties kunnen als volgt worden begrepen:

- ling (ziel, spirit, informatie): inhoud van de boodschap
- xin (hart, kern van het leven): ontvanger van de boodschap
- nao (hersenen, geest, bewustzijn): verwerker van de boodschap
- qi (energie): vervoerder van de boodschap
- jing (materie): transformator van de boodschap

Dit is een diepe wijsheid en beoefening.

De ziel stuurt de boodschap of informatie naar het hart, die het aflevert bij de geest, die het op zijn beurt weer doorgeeft aan de energie, die het uiteindelijk naar de materie stuurt. Dit alles resulteert in een actie, gedrag, woord of gedachte. Nadat de materie de boodschap op deze manier heeft getransformeerd, wordt de getransformeerde boodschap (actie, gedrag, woord of gedachte) als feedback aan de ziel gegeven. De ziel geeft daarop een nieuwe boodschap. Dit is het belangrijke proces in iemands hele wezen.

De Wet van Shen Qi Jing beschrijft het informatiesysteem van een wezen. Zoals alles in de yin-yang wereld kan dit informatiesysteem worden onderverdeeld in yin en yang als een positief informatiesysteem en een negatief informatiesysteem.

De diepe wijsheid van dit informatiesysteem kan zo verklaren:

- waarom mensen ziek worden
- waarom mensen relatie- en financiële uitdagingen hebben
- waarom mensen om het even wat voor uitdaging in het leven hebben

Het eenzinsgeheim luidt:

Alle uitdagingen in het leven zijn het gevolg van negatieve shen qi jing; alle gezonde omstandigheden, innerlijke rust, innerlijke vreugde en succes zijn te danken aan positieve shen qi jing.

Zodoende kan dit informatiesysteem ook een verklaring geven voor:

- hoe ziekte geheeld kan worden
- hoe uitdagingen in relaties en financiën getransformeerd kunnen worden
- hoe welke uitdaging dan ook in het leven overwonnen kan worden

Healing en transformatie voor alle aspecten van het leven, waaronder gezondheid, relaties, financiën enz., kunnen worden samengevat in één zin:

Om het leven in al zijn aspecten te helen en transformeren, zet je negatieve shen qi jing om in positieve shen qi jing.

Frequentie en trilling vormen een veld. De frequentie en trilling van positieve shen qi jing vormen een positief veld. De frequentie en trilling van negatieve shen qi jing vormen een negatief veld.

Omdat shen qi jing een informatiesysteem vormt, is informatie de sleutel voor transformatie van alle aspecten van het leven. Het transformeren van alle aspecten van het leven is het creëren van positieve informatie. Dan zullen een positief hart, positieve geest, positieve energie en positieve materie volgen.

De zes belangrijke Tao krachttechnieken en de wijsheid die ik in dit boek presenteer, genereren positieve informatie. Ze werken samen om een positief veld te creëren. Het toepassen van een van deze zes technieken is krachtig. Het toepassen van alle zes technieken samen is meer dan krachtig. Het toepassen van de zes belangrijke Tao krachttechnieken samen zou kunnen leiden tot hartverwarmende resultaten om je gezondheid, relaties en financiën te transformeren tot een niveau dat je begrip te boven gaat.

Dit boek is eenvoudig en zeer praktisch. Pas de wijsheid en de oefeningen dagelijks toe. Oefen met de animaties waartoe dit boek toegang geeft, en chant met me mee. Als je vijf tot tien minuten per dag oefent kun je de frequentie en vibratie voelen. Met minstens een uur oefenen per dag kun je opmerkelijke voordelen ervaren in je gezondheid, relaties of financiën.

Een oude leer zegt: 'Als je wilt weten of een peer zoet is, proef hem dan.' Als je wilt weten of deze zes belangrijke Tao krachttechnieken en Tao wijsheid krachtig zijn, ervaar ze dan.

Tao Kalligrafiekracht en vijf andere belangrijke krachttechnieken (Lichaamskracht, Zielenkracht, Klankkracht, Geestkracht, Ademkracht) creëren een positief veld waarvan je in alle aspecten van het leven baat kunt hebben voor healing en transformatie.

Twintig jaar geleden gaf ik deze boodschap van empowerment voor healing aan de mensheid:

Ik heb de kracht om mijzelf te helen en te transformeren.
Jij hebt de kracht om jezelf te helen en te transformeren.
Samen hebben we de kracht om de wereld te helen
en te transformeren.

Dit boek deelt de diepe wijsheid en de technieken om grote healing en transformatie te bereiken.

Dit boek kan vanuit Tao Bron een positief shen qi jing-veld creëren om alle aspecten van het leven te helen en transformeren.

Dit boek kan je begeleiden om voor elk aspect van het leven een negatief shen qi jing-veld te transformeren naar een positief shen qi jing-veld.

Dit boek kan de mensheid en Moeder Aarde helpen om een Love Peace Harmony World Family te creëren.

Oefen. Oefen. Oefen.

Ervaar de healing.

Ervaar de transformatie.

Ik hou van mijn hart en ziel
Ik hou van de hele mensheid
Breng harten en zielen tezamen
Liefde, vrede en harmonie
Liefde, vrede en harmonie

Tao Kalligrafie

KALLIGRAFIE IS KUNST. Door de geschiedenis heen is kalligrafie vrijwel overal ter wereld een populaire, artistieke en culturele kunstvorm geweest. Er is bijna geen land, geschreven taal of volk te noemen—nu of in het verleden—waarvoor kalligrafie niet van betekenis is geweest. Onder hen zijn de Chinezen, de volkeren van andere Oost- en Zuidoost-Aziatische landen, Tibetanen, Kelten, Grieken, Perzen, schrijvers van het Latijn, Duitsers, Italianen, Bengalen en nog veel meer.

Wat is Tao Kalligrafie?

Tao Kalligrafie is gebaseerd op Chinese kalligrafie. In de Chinese geschiedenis zijn er vele stijlen van kalligrafie geweest. Tao Kalligrafie is gebaseerd op de stijl genaamd Yi Bi Zi (一筆字), wat *one-stroke karakter* betekent, m.a.w. een karakter bestaande uit één penseelstreek. Ik leerde Yi Bi Zi van wijlen professor Li Qiuyun, de enige lijnhouder van Tai Shi (太師), de 'hoogste leraar' aan het keizerlijk hof van de laatste keizer van China.

Yi Bi Zi is eenheidsschrift. Voor de geschreven karakters in het Chinees bestaan er zestien basistypes penseelstreken. Deze basis penseelstreken van een Chinees karakter zijn qua functie enigszins vergelijkbaar met de zesentwintig letters in het Nederlandse alfabet, met als aantekening dat het Chinese schrift, in tegenstelling tot het Nederlands, voor elke lettergreep een apart teken gebruikt.

De zestien basis penseelstreken worden weergegeven in figuur 2 op de volgende pagina.

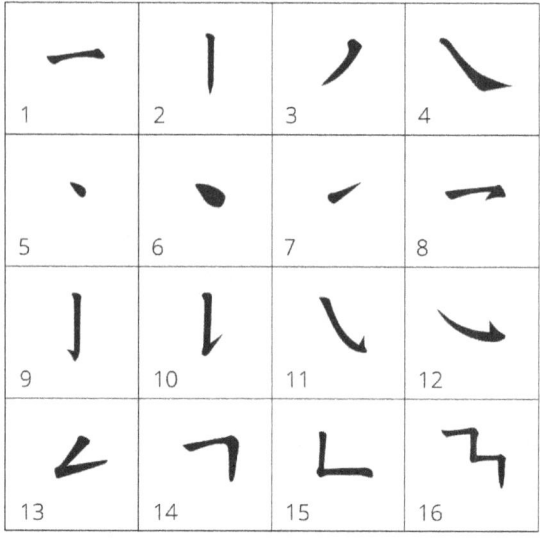

Figuur 2. Zestien basis penseelstreken in Chinese karakters

1. héng (橫, horizontaal, klinkt als *hung*)
2. shù (豎, verticaal, klinkt als *shoe*)
3. piě (撇, naar onder en links, klinkt als *pjeh*)
4. nà (捺, naar onder en rechts, klinkt als *nah*)
5. xiǎo diǎn (小點, kleine stip, klinkt als *shiau- djen*)
6. dà diǎn (大點, grote stip, klinkt als *dah djen*)
7. tí (提, omhoog, klinkt als *ti*)
8. héng gōu (橫鉤, horizontale haak, klinkt als *hung gō*)
9. shù gōu (豎鉤, verticale haak, klinkt als *shoe gō*)
10. fǎn gōu (反鉤, verticale spiegelhaak, klinkt als *fahn gō*)
11. xié gōu (斜鉤, schuine haak, klinkt als *shjeh gō*)
12. wān gōu (彎鉤, gebogen haak, klinkt als *wan gō*)
13. zuǒ zhé (左折, linkse draai, klinkt als *zwow dzjuh*)
14. yòu zhé (右折, rechtse draai, klinkt als *yōo dzjuh*)
15. xià zhé (下折, neerwaartse draai, klinkt als *shyah dzjuh*)
16. lián zhé (連折, meerdere draaiingen, klinkt als *lyen dzjuh*)

Ik zal Yi Bi Zi uitleggen. Het Chinese karakter 'ai' (zie figuur 3) betekent *liefde*. In normaal traditioneel Chinees schrift[2] bestaat dit karakter uit dertien individuele penseelstreken. Yi Bi Zi verenigt deze dertien componenten als één ononderbroken penseelstreek. Dit heet eenheidsschrift.

Figuur 3. Chinees karakter 'ai' (liefde):
traditioneel schrift (links) en Yi Bi Zi (rechts)

---

[2] Dit in tegenstelling tot het vereenvoudigde Chinese schrift, waarbij 'ai' en veel andere (maar niet alle) karakters afwijken van het traditionele schrift.

Als ik een Yi Bi Zi-kalligrafie schrijf, verbind ik me met Tao Bron en met de diepe wijsheid, de beoefening, de codes, de heiligen, de boeddha's en meer. Zij laten Tao Bron shen qi jing met de tien grootste kwaliteiten[3] van Tao Bron in de kalligrafie stromen. De Yi Bi Zi-kalligrafie is omgezet in Tao Kalligrafie.

Kracht en betekenis van Tao Kalligrafie

Een krachtige oude wijsheid is:

shu neng zai dao
書能載道

'Shu' betekent *kalligrafie*. 'Neng' betekent *in staat zijn tot*. 'Zai' betekent *het dragen van*.

'Dao' is *Tao Bron*. 'Shu neng zai dao' betekent *kalligrafie kan Tao bevatten*.

Tao Kalligrafie is eenheidsschrift. In *Dao De Jing* schreef Lao Zi:

道生一	Dao sheng yi	Tao creëert één
一生二	yi sheng er	Een creëert twee
二生三	er sheng san	Twee creëert drie
三生萬物	san sheng wan wu	Drie creëert wan wu (alle dingen)

Tao is de Bron. 'One' betekent *hun dun yi qi*. 'Hun dun' betekent *troebel, wazig*. 'Yi' betekent *Eén*. 'Qi' betekent *energie*. 'Hun dun yi qi' duidt op *de troebele Eenheidstoestand*.

Tao is de ultieme Schepper. Tao creëert Eén, en dat is hun dun yi qi. Binnen de troebele eenheidstoestand zijn er twee qi: 清氣 qing qi en 濁氣 zhuo qi. 'Qing qi' betekent *schone* of *lichte qi*. 'Zhuo qi' betekent *verstoorde* of *zware qi*. Deze twee qi zijn gemengd. Ze worden niet onderscheiden of gescheiden. Dit is de troebele Eenheidstoestand.

---

[3] In hoofdstuk 2 zal ik uitleg geven over de tien grootste kwaliteiten van Tao Bron. Het zijn de kenmerken van de meest positieve shen qi jing.

Eén creëert twee. Deze troebele Eenheidstoestand blijft eeuwig lang bestaan. Het wacht op het moment voor de qi-transformatie. Tijdens de qi-transformatie stijgt qing qi (schone qi) op om de Hemel te vormen en zhuo qi (verstoorde qi) valt om Moeder Aarde te creëren. Dit is Lao Zi's wijsheid over de schepping van de Hemel en Moeder Aarde.

Twee creëert drie. 'Drie' betekent *de troebele Eenheidstoestand plus Hemel en Moeder Aarde*.

Drie genereert wan wu. 'Wan' betekent *tienduizend*, wat staat voor *oneindig veel*. 'Wu' betekent *ding*. 'Wan wu' betekent *talloze planeten, sterren, melkwegstelsels en universa*.

Volgens Lao Zi's onderricht creëert Tao Eén, Een creëert twee, twee creëert drie en drie creëert talloze planeten, sterren, melkwegstelsels en universa, wat het proces is van Tao Normale Creatie.

Tao Kalligrafie is eenheidsschrift. Het bevat een Eenheidsveld. Bij het schrijven van Tao Kalligrafie, werd ik getraind en ontving ik de gewijde manier van Tao Bron om Tao Bron shen qi jing in de kalligrafie te laten stromen. Sinds ik in 2013 ben begonnen met het schrijven van Tao Kalligrafie, heeft dit sindsdien geleid tot duizenden hartverwarmende en ontroerende resultaten voor healing en transformatie van onder andere gezondheid, relaties en financiën.

Waarom worden mensen ziek? Waarom hebben mensen relatie uitdagingen? Waarom hebben mensen financiële uitdagingen? Waarom hebben mensen allerlei uitdagingen in het leven? Mijn inzichten daarover gaf ik in de inleiding. Ik wil het hier nogmaals benadrukken. Dat kan in één zin worden samengevat:

Alle uitdagingen in het leven, of het nu gaat om gezondheid, relaties of financiën, komen voort uit negatieve shen qi jing in ziel, hart, geest of lichaam.

Wat maakt Tao Kalligrafie zo uniek en krachtig? Ook dit kan in één zin worden samengevat:

Tao Kalligrafie bevat positieve Tao Bron shen qi jing die voor alle aspecten van het leven, inclusief gezondheid, relaties en financiën, negatieve shen qi jing kan omzetten.

Alle aspecten van het leven is inclusief:

- het stimuleren van energie, uithoudingsvermogen, vitaliteit en immuniteit
- healing en transformatie van het fysieke, emotionele, mentale en spirituele lichaam
- healing en transformatie van allerlei relaties
- healing en transformatie van financiën en bedrijf
- het openen van spirituele communicatiekanalen
- toename van intelligentie en wijsheid
- het verlichten van ziel, hart, geest en lichaam

Tao Kalligrafie is een nieuw positief informatiesysteem voor healing en transformatie om de mensheid te dienen in alle aspecten van het leven.

Velen hebben door het gebruik van Tao Kalligrafie geweldige resultaten ervaren van healing en transformatie. In de bijlage aan het eind van dit boek kun je een aantal voorbeelden lezen. Het is mijn wens dat Tao Kalligrafie jou, de mensheid en Moeder Aarde nog veel meer kan dienen.

Tao Kalligrafie volgen, chanten, schrijven

Zoals ik net heb uitgelegd, draagt Tao Kalligrafie een veld van Tao Bron shen qi jing in zich. Dit hoogste positieve informatie shen qi jing-veld kan elk aspect van het leven transformeren, omdat het elke negatieve shen qi jing in gezondheid, relaties, financiën, enz. kan transformeren.

Om de voordelen van Tao Kalligrafie te benutten, moet je oefeningen doen om je te verbinden met Tao Kalligrafie en de positieve shen qi jing ervan te ontvangen. Als gift neem ik één Tao Kalligrafie op in hoofdstuk 5 van dit boek en zal ik je begeleiden bij het gebruik ervan in een oefening.

Er zijn drie manieren om te oefenen met Tao Kalligrafie: volgen, chanten en schrijven.

Volgen

Gebruik voor het volgen één of beide manieren: volgen met je hand of met je Dan.

- **Volgen met je hand.** Leg de vijf vingertoppen van één hand bij elkaar. Zie figuur 4. Volg met de Vijf-Vingers-Handpositie de Tao kalligrafie 'Ai' (liefde) tien keer. In figuur 5 zie je het pad bij het schrijven en volgen van dit Yi Bi Zi-karakter.

- **Dan-methode (Tao Kalligrafie tai chi-beweging).** 'Dan 丹' betekent *lichtbal*. Hier verwijst het specifiek naar een lichtbal in de onderbuik, de locatie van de Onderste Dan Tian, een van de basisenergiecentra van het lichaam. ('Tian 田' betekent *veld*.) Een doorsnee mens heeft deze lichtbal niet; de bal wordt uitsluitend gevormd door speciale energie- en spirituele oefeningen. Het uitvoeren van de Tao Kalligrafie tai chi-beweging via de Dan-methode is een manier waarop je je Dan zou kunnen vormen. Je Dan vormen is het stimuleren van je energie, vitaliteit, uithoudingsvermogen en immuniteit en het stimuleren van healing en transformatie voor elk aspect van je leven.

Zet je voeten op schouderbreedte van elkaar. Sta met een lichte knik in je knieën en bekken. Houd je rug recht. Laat je schouders en ellenbogen zakken. Houd je kin licht ingetrokken en raak met het puntje van je tong zachtjes je gehemelte aan. Houd beide handpalmen naar elkaar gericht en op ong. 30 cm van elkaar vóór je onderbuik, alsof je een volleybal of basketbal vasthoudt. Zie figuur 6.

Met de Dan-methode doe je het volgen met je onderbuik, de denkbeeldige bal, je bekkengebied en je heupen.

De kracht en betekenis van volgen kan in één zin worden samengevat:

Wat je volgt, dat word je.

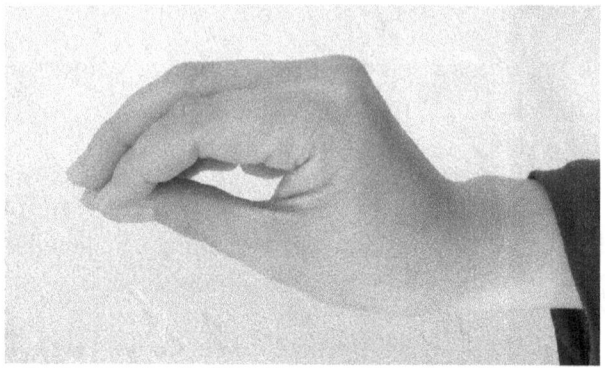

Figuur 4. Handpositie bij volgen met vijf vingers

Figuur 5. Pad bij volgen van Tao Kalligrafie 'Ai' (liefde)

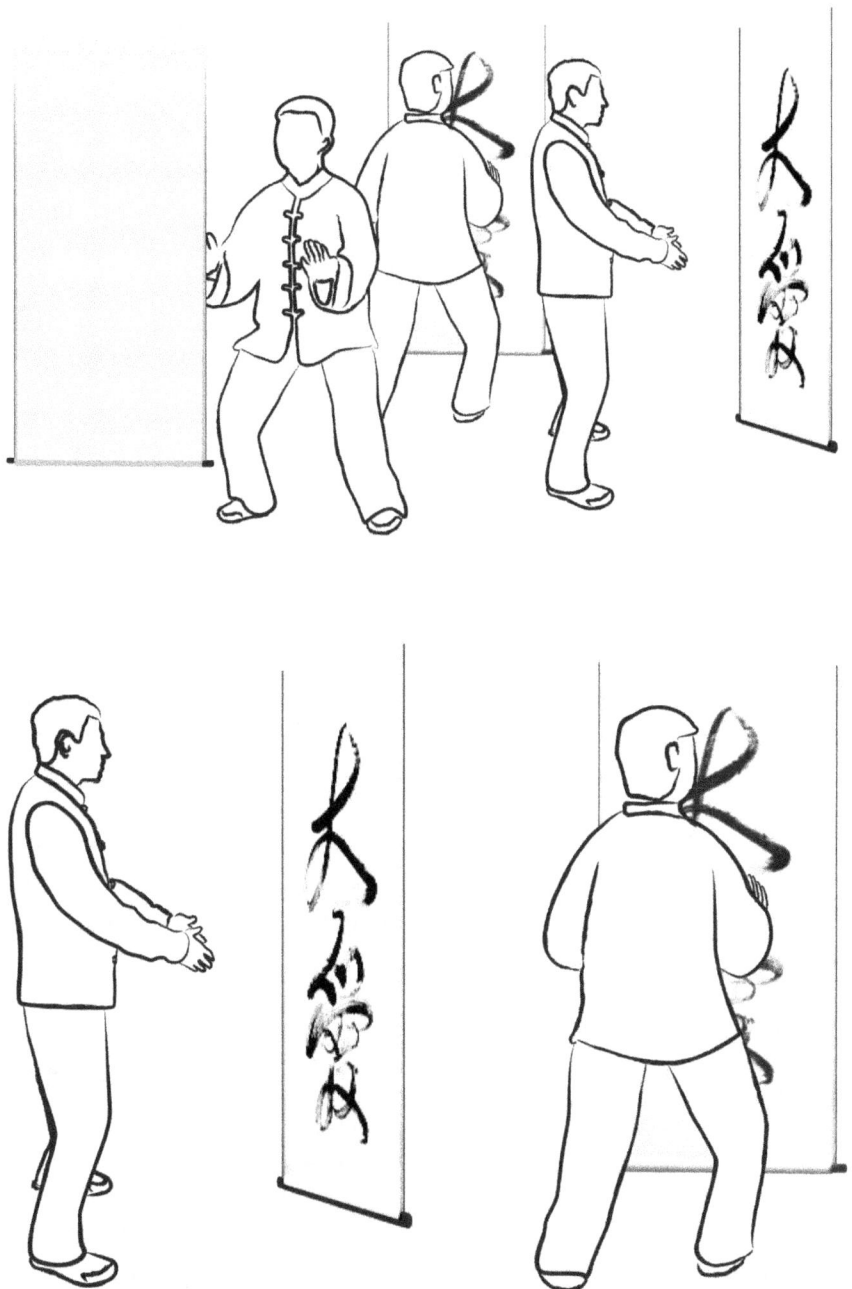

Figuur 6. Positie bij Dan-methode

Nu zal ik een van de belangrijkste aanvullende technieken bij de Dan-methode voor Tao Kalligrafie met je delen. Stel dat er aan de bovenkant van je hoofd een koord zit dat je hoofd voorzichtig omhoog trekt, terwijl je stuitje tegelijkertijd lichtjes naar beneden getrokken wordt. De wervelkolom heeft van nature een S-bocht. Met deze belangrijke visualisatie kun je de wervelkolom rechtzetten, waardoor de energie vrijer door en rond de wervelkolom kan stromen. Dit is een vitale wijsheid en oefening uit de eeuwenoude tai chi. En bovendien een sleutel voor de Tao Kalligrafie tai chi-beweging.

Waarom is deze techniek zo belangrijk? Er bestaat een eeuwenoude gewijde en geheime zin:

wei lü zhong zheng shen guan ding
尾閭中正神灌頂

'Wei lü' betekent *stuitje*. 'Zhong zheng' betekent *recht*. 'Shen' betekent *Hemel en Tao*. 'Guan ding' betekent *kruinchakra*[4] *blessing*. 'Wei lü zhong zheng shen guan ding' betekent dat het *licht in je kruinchakra door de hele wervelkolom recht naar het stuitbeen stroomt.*

Volg nu gedurende enkele minuten met de Dan-methode de Tao Kalligrafie 'Ai' (liefde). (zie figuur 5 op pagina 8) Samen met je Dan volg je met de denkbeeldige bal die je vasthoudt de kalligrafie. Je armen, heupen, knieën en benen bewegen samen.

Chanten

Al duizenden jaren vormt chanten een van de belangrijke technieken die in vele spirituele en meditatieve oefeningen wordt toegepast. De kracht en betekenis van chanten kan in één zin worden samengevat:

Wat je chant, dat word je.

Tao Kalligrafie is een Bronpositief informatiesysteem dat Bronpositieve shen qi jing bevat. In het volgende hoofdstuk zal ik de tien Grootste

---

[4] Zie hoofdstuk 8 voor een inleiding op de chakra's.

Kwaliteiten van Tao Bron beschrijven, die ook de tien grootste kwaliteiten voor een mens zijn.

De eerste van deze tien grootste kwaliteiten is Da Ai, *grootste liefde*. ('Da' betekent *grootste*. 'Ai' betekent *liefde*.) Bij sommige oefeningen in dit boek chanten we:

Da Ai (klinkt als *daah aai*)
Da Ai
Da Ai
Da Ai ...

Grootste liefde
Grootste liefde
Grootste liefde
Grootste liefde ...

Door *Da Ai* of *grootste liefde* te chanten stem je af op de grootste liefde, op het belichamen en het worden van de grootste liefde. Wat ik altijd onderwijs is dit: *Liefde laat alle blokkades smelten en transformeert al het leven.*

In alle oefeningen in dit boek zullen we deze en andere positieve Tao Bron-boodschappen of speciale helende, transformerende en versterkende klanken chanten.

Schrijven

Er zijn twee manieren om Tao Kalligrafie te schrijven:

- **Schrijven op waterpapier.** Dit is de basisvorm om te beginnen met Tao Kalligrafie. Met dit waterpapier kun je oefenen met kalligraferen met penseel en water in plaats van met inkt. Als het water verdampt, is de tekst verdwenen. Het papier kan dus steeds opnieuw gebruikt worden. Ik heb waterpapier gemaakt met een opdruk van verschillende Tao Kalligrafie-tekens. Zie figuur 7. Je kunt schrijven over de opdruk heen van het waterpapier. Dit waterpapier wordt zowel gebruikt in een speciale training voor Tao Kalligrafie practitioners als voor Tao Kalligrafie leraren. De beste manier om Tao Kalligrafie te leren is door tientallen keren een opdruk op waterpapier over te trekken of te schrijven, voordat je daadwerkelijk overstapt op een penseel, inkt en blanco kalligrafiepapier.

- **Schrijven op blanco kalligrafiepapier met penseel en inkt.** Deze manier van Tao Kalligrafie schrijven is voor gevorderden. Zonder speciale training van mij of van mijn Tao Kalligrafie-leraren raad ik je af om deze manier te gebruiken.

De kracht en betekenis van Tao Kalligrafie schrijven kan in één zin worden samengevat:

Wat je schrijft, dat word je.

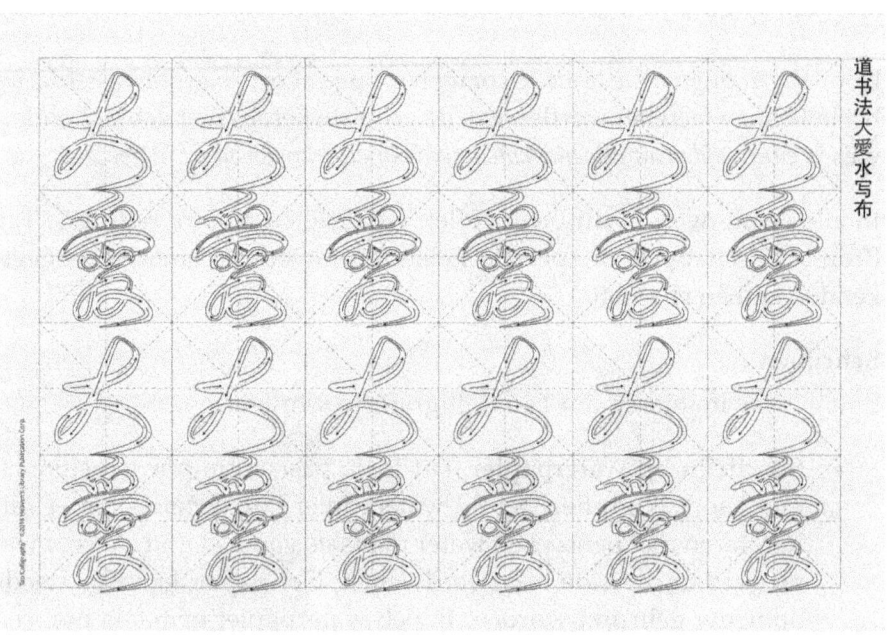

Figuur 7. Waterpapier Tao Kalligrafie *Da Ai*

Je kunt de Tao Kalligrafie zelf of samen met anderen volgen, chanten of schrijven. In je eentje volgen, chanten of schrijven komt neer op zelfhealing en transformatie. Samen met anderen volgen, chanten of schrijven is groepshealing en transformatie. Over het algemeen is groepshealing krachtiger dan zelf-healing, omdat de groep (twee personen of meer) hun healing en transformatie op elkaar afstemmen en zich daarop focussen.

Eén enkele Tao Kalligrafie is een Tao Kalligrafie healingveld, omdat het Tao Bronpositieve shen qi jing in zich draagt. De Tao Kalligrafie healingvelden in mijn Tao Centers wereldwijd, bestaan uit dertig tot meer dan honderd Tao Kalligrafieën. Wanneer je Tao Kalligrafieën volgt, chant of schrijft, verbind je je met het Tao Kalligrafie healingveld. Een diepe verbinding maken kun je leren door middel van zes belangrijke Tao krachttechnieken die besproken worden in hoofdstuk 3 en die je vervolgens in de oefeningen gaat toepassen.

Het volgen, chanten en schrijven van Tao Kalligrafie is bedoeld om verbinding te maken met een extern Tao Kalligrafie healingveld. Hierdoor komt de Tao Bron positieve shen qi jing van het veld naar je toe om je negatieve shen qi jing weg te nemen of te transformeren.

Tevens is het mogelijk om een intern Tao Kalligrafieveld te ontvangen en je ermee te vinden.

Tao Kalligrafie-lichtveldtransmissies
van een Tao Kalligrafie

Speciaal opgeleide en erkende Tao Kalligrafie healingveld Grandmasters en Master Healers en Teachers kunnen aan een persoon, huisdier en meer Tao Shen Qi Jing-lichtvelden aanbieden van Tao Kalligrafieën.

Stel dat je rugpijn hebt of een ander ruguitdaging, dan heeft een Tao Kalligrafie Healingveld Master Healer en Teacher de eer en het vermogen om je vanuit Tao Kalligrafie een lichtveld voor je rug over te dragen. Zodra je zo'n transmissie hebt ontvangen, wordt dit Tao Kalligrafie-lichtveld een *intern* Tao Kalligrafie healingveld voor je rug waar je overal en altijd toegang toe hebt en verbinding mee kunt maken. Deze transmissie zal altijd bij je blijven.

Om blijvend voordeel te halen uit een Tao Kalligrafie-lichtveld dat je voor je rug hebt overgedragen gekregen, maak je eenvoudigweg verbinding door '*hallo* te zeggen' (Zielenkracht wordt uitgelegd in hoofdstuk 3) en herhaaldelijk te chanten:

Tao Kalligrafie-lichtveld rug
Tao Kalligrafie-lichtveld rug
Tao Kalligrafie-lichtveld rug
Tao Kalligrafie-lichtveld rug ...

Ik heb een dertigtal Tao Kalligrafie Healingveld Grandmasters en Master Healers en Teachers opgeleid die deze unieke Tao Bron-service kunnen overdragen. En hun aantal blijft groeien. Het is zeer krachtig om een of meer van deze interne Tao Kalligrafie healingvelden te ontvangen en in je te dragen. Bij ernstige, chronische of levensbedreigende gezondheids- of andere uitdagingen, raad ik je sterk aan om bij een van mijn opgeleide en erkende Tao Kalligrafie Healingveld Master Healers en Teachers meer te horen over Tao Kalligrafie-lichtveldtransmissies.

De Tien Grootste Kwaliteiten van Tao Bron

TAO BRON GAF MIJ Tien Grootste Kwaliteiten. Deze kwaliteit worden Shi Da genoemd (十大). 'Shi' betekent *tien*. 'Da' betekent *grootste*. Shi Da betekent *tien grootste*.

Wat zijn de Tien Grootste Kwaliteiten?

In zijn tijdloze klassieker *Dao De Jing* schreef Lao Zi: 'De talloze planeten, sterren, melkwegstelsels en universa kennen vier Da.' Dit zijn:

道大　Dao da
天大　tian da
地大　di da
人大　ren da

De eerste van Lao Zi's vier Da is Dao da. Tao is *de Bron*. 'Dao da' betekent *de Bron is het allergrootste*. Tao is de ultieme Schepper. Tao creëert alles en iedereen. 'De' voedt alles en iedereen. 'De 德' is de *deugd van Tao*, die zich openbaart in de *shen kou yi van Tao*. 'Shen 身' betekent *handelingen, activiteiten en gedraging*. 'Kou 口' betekent *spraak*. 'Yi 意' betekent *gedachten*.

Samengevat:

Tao is de ultieme Bron en de Weg voor alle aspecten van het leven. 'De' staat voor de handelingen, activiteiten en gedragingen van Tao.

De tweede van Lao Zi's vier Da is tian da. 'Tian' betekent *Hemel*. 'Tian da' betekent *de Hemel is het allergrootste*. In Lao Zi's concept omvat de Hemel de zon, de maan, het zonnestelsel, de Grote Beer, de Melkweg en het universum. De Hemel omvat tal van zonnestelsels, melkwegstelsels en universa. De Hemel schijnt over en voedt alles en iedereen.

De derde van Lao Zi's vier Da is di da. 'Di' betekent *Moeder Aarde*. 'Di da' betekent *Moeder Aarde is het allergrootste*.

Moeder Aarde heeft het grootste hart. Ze koestert alles en iedereen (wan wu 萬物, letterlijk *tienduizend dingen*, wat in het Chinees *ontelbare dingen* betekent).

Er is een oud gezegde:

hou de zai wu
厚德載物

'Hou' betekent *dik*, wat *erg veel* betekent. 'De' is weer *de deugd die van Tao komt via de shen kou yi van Tao*. 'Zai' betekent *het dragen van*. 'Wu' betekent *dingen*. 'Wan wu' omvat alles en iedereen op Moeder Aarde. 'Hou de zai wu' betekent *met grote deugd kan men de wereld koesteren*. Moeder Aarde brengt groot en voedt wan wu. Om alles en iedereen te koesteren is grote deugd vereist. Moeder Aarde maakt geen onderscheid tussen een positieve of negatieve dienst die iemand verleent. Daarom beschikt Moeder Aarde over heel veel De.

Moeder Aarde heeft het grootste hart. Dat maakt Moeder Aarde tot een van de grootste.

De vierde van Lao Zi's vier Da is Ren da. 'Ren' betekent *mens*. 'Ren da' betekent *de mens is het allergrootste*. Een andere oude stelling is:

ren wei wan wu zhi ling
人為萬物之靈

'Wei' betekent *is*. 'Zhi' fungeert als apostrof ter aanduiding van bezit. 'Ling' betekent *slimste*. 'Ren wei wan wu zhi ling' betekent *de mens is de slimste van de talloze planeten, sterren, melkwegstelsels en universa*.

De mens creëert en manifesteert door de geschiedenis heen via constante verbetering van het leven. De mensheid evolueert voortdurend. Daarom is de mens een van de grootste.

In feite heeft 'da 大' drie belangrijke betekenissen:

- allergrootste
- onvoorwaardelijk
- onbaatzuchtig

Daarom staan de Tien Da, Shi Da of Tien Grootste Kwaliteiten eigenlijk voor de tien grootste, onvoorwaardelijke en onbaatzuchtige kwaliteiten.

Kracht en betekenis van de Tien Grootste Kwaliteiten

In twee van mijn eerdere boeken, *Soul Over Matter*[5] en *Tao Classic of Longevity en Immortality*,[6] beschreef ik de diepe wijsheid van de Tien Da en gaf ik gedetailleerde oefeningen om te groeien in de Tien Da. Ik zal die lessen in dit boek niet herhalen, maar hier wel de essentie delen van elke Da, elke grootste kwaliteit.

Grootste liefde—Da Ai（大愛）

Vier speciale regels verklaren Da Ai, *grootste liefde*:

yi shi Da Ai	一施大愛
wu tiao jian ai	無條件愛
rong hua zai nan	融化災難
xin qing shen ming	心清神明

Geef eerst grootste liefde, de eerste van de Tien Da kernkwaliteiten van Tao. Onvoorwaardelijke liefde

---

[5] Dr. en Master Zhi Gang Sha en Adam Markel, *Soul over Matter: Ancient and Modern Wisdom and Practical Techniques to Create Unlimited Abundance*, Dallas, TX/Toronto, ON: BenBella Books/Heaven's Library Publication Corp., 2017.

[6] Dr. en Master Zhi Gang Sha, *Tao Classic of Longevity and Immortality: Sacred Wisdom and Practical Techniques*, Cardiff, CA/Richmond Hill, ON: Waterside Press/Heaven's Library Publication Corp., 2019.

Laat alle blokkades smelten.
Helder hart; verlichte ziel, hart en geest.

Iedereen heeft zijn eigen overtuigingen. Veel mensen geloven in de wetenschap. Veel mensen geloven in spiritualiteit. Sommigen geloven in hun eigen weg. Desondanks heeft iedereen de grootste liefde nodig.

Denk aan je leven. Heb je liefde ontvangen van je ouders? Heb je liefde ontvangen van je kinderen? Heb je liefde ontvangen van je partners? Heb je liefde ontvangen van je collega's? Hoe voelt dat, om liefde te voelen? En hoe voelt het om geen liefde te voelen? Ik wil de boodschap delen dat liefde de kwaliteit en het gevoel is dat niet alleen de hele mensheid nodig heeft, maar ook alle dieren, de natuur, het milieu en veel meer.

Deze vier speciale regels geven duidelijk aan dat wanneer je jezelf en anderen de grootste en onvoorwaardelijke, onbaatzuchtige liefde schenkt, alle vormen van levensblokkades, ook in gezondheid, relaties, financiën en alle andere aspecten van het leven, kunnen worden opgelost. Da Ai kan je hart zuiveren en je ziel, hart, geest en lichaam verlichten.

Ik heb op de achterkant van dit boek de Tao Kalligrafie *Da Ai* gezet.

Grootste vergeving—Da Kuan Shu （大寬恕）

Da Kuan Shu, *grootste vergeving*, is de tweede van de Tien Da kernkwaliteiten van Tao. De vier regels van de Tao-mantra van Da Kuan Shu klinken als volgt:

er Da Kuan Shu	二大寬恕
wo yuan liang ni	我原諒你
ni yuan liang wo	你原諒我
xiang ai ping an he xie	相愛平安和諧

De tweede van de Tien Da kernkwaliteiten van Tao is grootste vergeving.
Ik vergeef jou.
Jij vergeeft mij.
Liefde, vrede en harmonie.

Mensen kunnen in hun leven tegen de volgende uitdagingen aan lopen:

- gezondheidsuitdagingen, zoals allerlei soorten pijn, infecties, cystes, tumoren, kanker en meer
- emotionele uitdagingen, zoals boosheid, depressie, angstige spanning, zorgen, verdriet, angst, schuldgevoelens en meer
- psychische uitdagingen, zoals geestesstoornissen, verwardheid, slecht geheugen en meer
- spirituele uitdagingen, zoals het gebrek aan richting op de spirituele reis en meer
- allerlei soorten relatieuitdagingen, bijv. in het gezin, met familieleden, collega's en meer
- allerlei uitdagingen op financieel en zakelijk gebied

Diepe spirituele wijsheid leert dat alle uitdagingen verbonden zijn met blokkades van de ziel, het hart, de geest, energie en materie. Actief vergeving beoefenen kan bij iemands uitdagingen een ongelooflijke transformatie teweegbrengen die alle begrip te boven gaat.

Denk aan je gezin. Man en vrouw kunnen kibbelen en ruzie hebben. Partners, ouders, kinderen en anderen kunnen kibbelen en ruzie hebben. Hoe kun je zorgen voor liefde, vrede en harmonie? Stel dat Persoon A en Persoon B onmin hebben, en A zich oprecht heeft verontschuldigd bij B, of B zich oprecht heeft verontschuldigd bij A? Dan zou de kwestie heel snel opgelost kunnen zijn.

Stel dat je deze wijsheid verder doortrekt en een werkplek neemt waar collega's onderling uitdagingen hebben waarvoor ze elkaar oprecht hun excuses zouden aanbieden. Dan kan dit leiden tot een hele positieve situatie.

Ik heb het belangrijke onderricht over vergeving en de toepassing hiervan gedeeld met duizenden studenten en cliënten wereldwijd:

Ik vergeef jou.
Jij vergeeft mij.
Breng liefde, vrede en harmonie.

Het beoefenen van vergeving kan ongelofelijke resultaten opleveren. Niet iedereen zal begrijpen dat er een nauw verband bestaat tussen emoties enerzijds en gezondheidsuitdagingen, relatieblokkades en zelfs financiële kwesties anderzijds.

Emotionele onbalans kan diepgaande gevolgen hebben voor je gezondheid, relaties of financiële situatie. Vandaar dat het vergeven van iedereen met wie je een uitdaging hebt, opmerkelijke resultaten kan opleveren.

Als je weet dat je met iemand uitdagingen hebt, doe dan rechtstreeks met deze persoon, als dat lukt, een vergevingsoefening.

Je kunt voor een specifieke uitdaging of meerdere uitdagingen ook in het algemeen vergeving beoefenen. Je hebt bijvoorbeeld pijn in je knie, last van angsten en er spelen financiële kwesties, of je doet een algemene vergevingsoefening voor alle knelpunten in je leven:

> *Lieve alles en iedereen met wie ik een conflict, meningsverschil of ruzie heb gehad over iets waar ik me al dan niet bewust van ben, ik eer je. Laten we samen een vergevingsoefening doen.*

Chant herhaaldelijk:

> *Ik vergeef jou.*
> *Jij vergeeft mij.*
> *Breng liefde, vrede en harmonie.*

Herhaal deze drie zinnen in totaal vijf tot tien minuten. Je kunt je aanzienlijk beter voelen. Je kunt je een beetje beter voelen. Je voelt geen verbetering. Of je nu een aanzienlijke, enige of geen verbetering voelt, blijf de vergevingsoefening een paar dagen lang oprecht en driemaal per dag vijf tot tien minuten doen. En kijk dan hoe je je voelt.

Dit is een heel eenvoudige, maar ook speciale manier om vergeving te beoefenen om je gezondheid, relatie of financiële kwesties te transformeren. Probeer het eens. Ervaar het.

Vergeving is de gouden sleutel om uitdagingen in alle aspecten van het leven op te lossen. Tussen twee familieleden, twee collega's, twee organisaties en twee landen; als er sprake is van een conflict, meningsverschil of ruzie, kan vergeving helpen om de situatie te transformeren op een onbeschrijfelijke manier.

De mensheid en Moeder Aarde hebben echt veel meer vergeving nodig om liefde, vrede en harmonie te brengen in gezondheid, relaties, financiën en alle andere aspecten van het leven.

Grootste compassie—Da Ci Bei (大慈悲)

Da Ci Bei, *grootste compassie*, is de derde van de Tien Da kernkwaliteiten van Tao. De vier regels van de Tao-mantra van Da Ci Bei klinken als volgt:

san Da Ci Bei	三大慈悲
yuan li zeng qiang	願力增強
fu wu zhong sheng	服務眾生
gong de wu liang	功德無量

De derde van de Tien Da kernkwaliteiten van Tao is grootste compassie.
Verhoog en versterk de wilskracht.
Dien de mensheid en alle zielen.
Ontvang onmetelijke deugd.

Miljoenen mensen vereren Moeder Maria en Guan Yin, de godin van mededogen. Beide zijn universele moeders die onvoorwaardelijke liefde en compassie hebben voor de mensheid en alle zielen.

De grootste compassie is de hoogste en onvoorwaardelijke compassie. Er zijn veel ontroerende verhalen waarin Guan Yin en Moeder Maria hopeloze omstandigheden veranderen en levens redden. Roep ze aan en maak contact met hen om hun liefde en compassie te ontvangen.

Grootste licht—Da Guang Ming (大光明)

Da Guang Ming, *grootste licht*, is het vierde van de Tien Da kernkwaliteiten van Tao. De vier regels van de Tao Bron-mantra van Da Guang Ming klinken als volgt:

si Da Guang Ming	四大光明
wo zai Dao guang zhong	我在道光中
Dao guang zai wo zhong	道光在我中
tong ti tou ming	通體透明

De vierde van de Tien Da kernkwaliteiten van Tao is grootste licht en grootste transparantie.
Ik ben in het licht van Tao Bron.
Het licht van Tao Bron is in mij.
Het hele lichaam is volledig licht en transparant.

Tao is de ultieme Bron. Als je in het licht van Tao Bron bent en het licht van Tao Bron is in jou, dan ben je in het Tao Bron-lichtveld. Dit is een meer dan krachtige methode voor healing en transformatie van elk aspect van het leven.

Een mens beschikt over de menselijke shen qi jing, m.a.w. ziel, hart, geest en lichaam. Tao licht heeft Bron shen qi jing, wat staat voor Bron ziel, Bron hart, Bron geest en Bron lichaam. Tao licht kan ons menselijk licht transformeren tot iets wat wij niet kunnen bevatten. Daarom is Da Guang Ming, grootste licht, een speciale manier voor healing en transformatie van alle aspecten van het leven.

Grootste nederigheid—Da Qian Bei (大謙卑)

Da Qian Bei, *grootste nederigheid*, is de vijfde van de Tien Da kernkwaliteiten van Tao. De Tao Bron-mantra van Da Qian Bei bestaat uit vijf regels:

wu Da Qian Bei	五大謙卑
rou ruo bu zheng	柔弱不爭
chi xu jing jin	持續精進
shi qian bei	失謙卑
die wan zhang	跌萬丈

De vijfde van de Tien Da kernkwaliteiten van Tao is grootste nederigheid.
Wees vriendelijk en zacht, wedijver niet en vecht niet.
Blijf steeds verbeteren.
Verlies je je nederigheid
Dan faal je volstrekt in alle aspecten van het leven, als het vallen in een diepe grot.

Het leven heeft baat bij nederigheid en het voorkomt rampen en uitdagingen. Ego is een van de belangrijkste blokkades in alle aspecten van het leven.

Lao Zi's *Dao De Jing* benadrukt het belang van nederigheid. Ik wil graag een paar hoofdstukken van *Dao De Jing* delen.

Hoofdstuk 7 van *Dao De Jing* stelt:

> *De Hemel en Moeder Aarde hebben een enorm lang leven. Waarom? Omdat de Hemel en Moeder Aarde de weg van de natuur volgen en onvoorwaardelijk en onbaatzuchtig dienen. Ze leven niet voor zichzelf. Daarom laat iemand die de Tao-wijsheid heeft bereikt altijd anderen op de voorgrond stralen, terwijl hijzelf op de achtergrond blijft. Het is zelfs zo dat anderen meer respect hebben voor degene die op de achtergrond blijft. Zo iemand kan namelijk zijn leven geven om anderen te dienen. Op die manier kan die persoon veel langer blijven. Omdat hij onbaatzuchtig is en geen ego heeft, zal deze persoon op natuurlijke wijze de ware zin en doelstelling van het leven bereiken.*

Dit hoofdstuk is een krachtige les over de wijsheid en zegeningen van nederigheid.

Hoofdstuk 8 van *Dao De Jing* stelt:

> *De hoogste Tao en De* (handelingen, spraak en gedachten van Tao) *zijn als water. Water voedt talloze dingen en vecht met niets of niemand. Water blijft op de laagste plek die anderen wellicht niet prettig vinden. Daarom staat water het dichtst bij Tao.*

Dit is een andere les van de onbaatzuchtige yin-aard van nederigheid.

Hoofdstuk 24 van *Dao De Jing* stelt:

> *Een persoon die vaak opschept kan niet echt schitteren. Een persoon die denkt dat hij of zij altijd gelijk heeft, kan de waarheid niet onderscheiden. Mensen die zichzelf bewonderen kunnen niet echt succesvol zijn. Mensen met een ego houden het niet lang vol.*

Ik geloof dat het ego de grootste vijand is voor iemands reis naar healing en transformatie, maar ook voor zijn of haar spirituele reis.

Het eenentachtigste en laatste hoofdstuk van *Dao De Jing* stelt:

> *Heiligen hebben het niet in zich om gezag te hebben over anderen, maar dienen anderen uitsluitend onvoorwaardelijk. Dit maakt dat heiligen meer floreren dan anderen. Heiligen geven het meest aan anderen. Dit maakt dat heiligen meer overvloed hebben. De Tao van de Hemel is om alles en iedereen meer te laten bloeien en niets of niemand te schaden. De Tao van de heiligen is geen ruzie of onmin te hebben met anderen.*

Deze les weerspiegelt de waarheid van 'she de 捨得,' *geven om te ontvangen*. Hoe meer je geeft, hoe meer je zult krijgen. Geef en dien onvoorwaardelijk en onbaatzuchtig zoals de grote heiligen, en onbeperkte zegeningen van de Hemel voor je gezondheid, relaties, financiën en elk ander aspect van je leven zullen op je neerdalen.

De bovenstaande lessen en wijsheid in Lao Zi's *Dao De Jing* hebben de kracht en betekenis van Da Qian Bei echt benadrukt.

Grootste harmonie—Da He Xie （大和諧）

Da He Xie, *grootste harmonie*, is de zesde van de Tien Da kernkwaliteiten van Tao. Het is een andere essentiële kwaliteit voor echt succes in iemands leven. De vier regels van de Tao-mantra van Da He Xie klinken als volgt:

liu Da He Xie	六大和諧
san ren tong xin	三人同心
qi li duan jin	齊力斷金
cheng gong mi jue	成功秘訣

De zesde van de Tien Da kernkwaliteiten van Tao is grootste harmonie.
De harten van drie mensen worden één.
Hun kracht kan goud snijden.
Het geheim van succes.

Om een gelukkig gezin te hebben, moet elk gezinslid liefde, zorg en compassie inbrengen. Iedereen moet elkaar vergeven en in harmonie leven.

Een oud gezegde luidt jia he wan shi xing (家和萬事興). 'Jia' betekent *familie*. 'He' betekent *harmonie*. 'Wan' betekent *tienduizend*. In het Chinees staat het voor een 'talloos' of 'ontelbaar.' 'Shi' betekent *dingen*. 'Xing' betekent *bloei*. 'Jia he wan shi xing' betekent dat *in een harmonieus gezin alles tot bloei komt.*

Denk aan een zeer succesvol bedrijf. Daarin moet sprake zijn van een groot harmonieus team. Da He Xie staat voor geweldig teamwerk. Zonder Da He Xie is grote bloei onmogelijk. Grote harmonie bereik je alleen als er ook sprake is van de andere Tien Da kernkwaliteiten.

De Tien Da zijn de kenmerken van Tao, boeddha's, heiligen, de Divine, Moeder Aarde, talloze planeten, sterren, melkwegstelsels en universa, en mensen. Da He Xie is geweldig teamwerk, en dat laatste is de sleutel tot succes. Laten we elkaar liefhebben en onze harten samenvoegen om in elk aspect van ons leven het grootste succes te creëren.

Grootste bloei—Da Chang Sheng (大昌盛)

Da Chang Sheng, *grootste bloei*, is de zevende van de Tien Da kernkwaliteiten van Tao. De vier regels van de Tao Bron-mantra van Da Chang Sheng klinken als volgt:

qi Da Chang Sheng	七大昌盛
Dao ci ying fu	道賜盈福
xing shan ji de	行善積德
Dao ye chang sheng	道業昌盛

De zevende van de Tien Da kernkwaliteiten van Tao is grootste bloei.
Tao Bron schenkt enorme welvaart, geluk en succes.

Vergaar deugd door het geven van dienstbaarheid.
Tao carrière bloeit.

Ik wil graag een diepe spirituele wijsheid delen. De wortels van iemands bloei zijn het positieve informatiesysteem van iemands positieve shen qi jing, oftewel de positieve informatie of boodschappen die je uit vorige levens en het huidige leven meedraagt in je ziel, hart, geest en lichaam. Als je open spirituele communicatiekanalen hebt, kun je wellicht sommige vorige levens zien om deze waarheid te begrijpen.

Financieel succes is te danken aan positieve shen qi jing-boodschappen van je voorouders en van jezelf uit vorige en huidige levens en je grote persoonlijke inzet in je huidige bestaan. Positieve shen qi jing-informatie of boodschappen vergaar je dankzij grote positieve dienstbaarheid aan de mensheid, dieren, het milieu en meer. Positieve dienstbaarheid betekent dat je de mensheid, dieren en het milieu gezonder en gelukkiger maakt en op positieve wijze transformeert. Deze positieve shen qi jing-boodschappen kunnen in je huidige leven en in toekomstige levens je financiële bloei betekenen.

Floreer je nu al, gefeliciteerd. Ik hoop dat je nog meer zult ontvangen. Is er geen sprake van grote bloei, hoe kun je dit dan creëren? Het geheim is je systeem met positieve informatie te versterken: vergaar via shen, kou en yi (actie, spraak en gedachte) positieve shen qi jing-informatie of boodschappen.

In Hoofdstuk 3 zal ik gedetailleerd uitleg geven over de zes belangrijke Tao-krachttechnieken die de kern vormen van elke oefening voor healing en transformatie in de rest van dit boek. Het toepassen van de zes belangrijke Tao-krachttechnieken, waarvan het volgen van Tao Bron Kalligrafieën er één is, is het vergaren van positieve shen qi jing-informatie of boodschappen.

Ik zal een voorbeeld geven. Een zakenman in Los Angeles ontving een van mijn Tao Kalligrafieën, 'Dao Ye Chang Sheng 道業昌盛,' de vierde regel van de Tao Bron-mantra van grootste bloei. Nog geen twee jaar later vertelde hij me dit: "Sinds ik de 'Dao Ye Chang Sheng' (Tao carrière bloeit) Tao Kalligrafie heb ontvangen, heb ik deze ongeveer tien minuten per dag gevolgd en daarbij gechant. Het geld blijft moeiteloos binnen stromen. Alles stroomt. In twee jaar tijd is mijn omzet gegroeid van 2 miljoen naar 60 miljoen dollar. Dit kan alleen maar te danken zijn aan de 'Dao Ye Chang Sheng' Tao Kalligrafie en mantra."

Omdat de 'Dao Ye Chang Sheng' Tao Kalligrafie en mantra positieve shen qi jing-boodschappen van Tao Bron in zich dragen, ontving het bedrijf van deze man enorme zegeningen van deze Tao-boodschappen.

Grootste dankbaarheid—Da Gan En (大感恩)

Da Gan En, *grootste dankbaarheid*, is de achtste van de Tien Da kernkwaliteiten van Tao. De vier regels van de Tao-mantra van Da Gan En kunnen ons leven verder transformeren en verbetering brengen in alle aspecten van ons leven:

ba Da Gan En	八大感恩
Dao sheng de yang	道生德養
zai pei ci hui	栽培賜慧
Dao en yong cun	道恩永存

De achtste van de Tien Da kernkwaliteiten van Tao is grootste dankbaarheid.
Tao Bron creëert alle dingen en deugd voedt ze.
Tao Bron ontwikkelt en schenkt wijsheid en intelligentie.
De pracht van Tao Bron zou voor altijd in ons hart en onze ziel moeten blijven.

In onze levens zijn er veel mensen die ons fysiek of spiritueel hebben geholpen. Wij zouden hun altijd onze dankbaarheid mogen tonen. Ouders voeden hun kinderen op. Kinderen zouden hun ouders dankbaar mogen zijn. Docenten op de kleuterschool, basisschool, middelbare school en universiteit geven les aan hun leerlingen. Leerlingen zouden hun dankbaarheid tot uitdrukking mogen brengen aan hun docenten.

De Divine en Tao Bron hebben het fysieke leven en de spirituele reis van elke ziel passende wijsheid en zegeningen geschonken. Daar mogen we ze dankbaar voor zijn en onze waardering tonen.

Dankbaarheid is een van de Tao kernkwaliteiten die in elke mens en iedere ziel zou moeten zitten. Voor goede gezondheid, geluk, harmonieuze relaties en financieel en zakelijk succes, mogen we onze dankbaarheid tonen aan de Divine, Tao Bron, en iedereen die ons op onze spirituele of fysieke reizen heeft bijgestaan.

Grootste dienstbaarheid—Da Fu Wu (大服務)

Da Fu Wu, *grootste dienstbaarheid*, is de negende van de Tien Da kernkwaliteiten van Tao. Ik vertel mijn studenten en de mensheid altijd dat dienstbaarheid het doel is van het leven. Dienstbaarheid maakt anderen gelukkiger en gezonder en ook succesvol in elk aspect van hun leven en ons eigen leven.

De vier regels van de speciale Tao-mantra van Da Fu Wu klinken als volgt:

jiu Da Fu Wu	九大服務
shi wei gong pu	誓為公僕
wu si feng xian	無私奉獻
shang cheng fa men	上乘法門

De negende van de Tien Da kernkwaliteiten van Tao is grootste dienstbaarheid.
Leg de belofte af om dienstbaar te zijn aan de mensheid en alle zielen.
Wees onbaatzuchtig in dienstbaarheid.
De hoogste manier om Tao Bron te bereiken.

Ik wil graag een persoonlijk verhaal delen over mijn spirituele reis. Vele jaren geleden was ik in Taiwan. Tijdens het mediteren verscheen op een dag Shakyamuni Boeddha aan mij, vereerd als de grondlegger van het boeddhisme. Hij is voor altijd een van mijn spirituele vaders. Ik vroeg hem: "Shi Jia Mo Ni Fo (釋迦牟尼佛, zijn naam in het Chinees), je hebt 84.000 methoden onderwezen van xiu lian[7] (修煉) om het Boeddhaschap,

---

[7] Xiu' betekent *zuivering*. 'Lian' betekent *oefening*. 'Xiu lian' betekent *zuiveringsoefening om in alle omstandigheden, gemakkelijke en moeilijke, onze negatieve shen qi jing-boodschappen om te zetten in positieve shen qi jing-boodschappen.* Daarom is xiu lian de methode om je ziel, hart, geest en lichaam te helen en transformeren. Het is de methode om je fysieke en spirituele reis te dienen.

dat is de hoogste verlichting, te bereiken. Wat is de hoogste van deze 84.000 xiu lian-methoden?" "Wat denk je?" antwoordde hij. Ik zei: "Ik denk dat de belangrijkste methode voor de xiu lian-reis dienstbaarheid is, wat inhoudt dat je andere mensen dient, anderen gelukkiger en gezonder maakt." Hij keek me lachend aan en zei: "Ik ben het helemaal met je eens."

Dienstbaarheid heeft verschillende lagen. Je kunt een beetje dienen, meer dienen of onvoorwaardelijk dienen. Onvoorwaardelijk dienen is de hoogste manier om vooruitgang te boeken op je spirituele reis.

Grootste verlichting—Da Yuan Man (大圓滿)

Da Yuan Man, *grootste verlichting*, is de tiende van de Tien Da kernkwaliteiten van Tao. Het is de laatste Tao kernkwaliteit die nodig is voor het volledig afgestemd zijn op en bereiken van Tao. De vier regels van de speciale Tao-mantra van Da Yuan Man klinken als volgt:

shi Da Yuan Man 十大圓滿
ling xin nao shen yuan man 靈心腦身圓滿
ren di tian Dao shen xian ti 人地天道神仙梯
fu wu xiu lian cai ke pan 服務修煉才可攀

De tiende Da kernkwaliteit van Tao is grootste verlichting.
Verlichting van ziel, hart, geest en lichaam
De niveaus van de heilige dienaren zijn: ren xian, di xian, tian xian en Tao xian[8]
Alleen door dienstbaarheid kan grootste verlichting worden bereikt.

De traditionele Chinese cultuur kent drie tradities: boeddhisme, taoïsme en confucianisme. In de Chinese filosofie heten ze san jiao (三教 drie doctrines), en ze worden beschouwd als een harmonieuze eenheid. De hoogste verworvenheid in het boeddhisme is het bereiken van de hoog-

---

[8] Ren xian, di xian, tian xian en Tao xian zijn de achtereenvolgende niveaus van heilige dienaren. Ze betekenen respectievelijk menselijke heilige, Moeder Aarde-heilige, hemelse heilige en Tao-heilige. Een Menselijke heilige kan de mensheid harmonie brengen en transformeren. Een Moeder Aarde-heilige kan Moeder Aarde harmonie brengen en transformeren. Een Hemelse heilige kan de hemel harmonie brengen en transformeren. Een Tao-heilige heeft de uitzonderlijke vermogens van Tao Bron.

ste verlichting, m.a.w. het bereiken van Boeddhaschap. De hoogste verworvenheid qua verlichting in het taoïsme is onsterfelijk worden. De hoogste verworvenheid van verlichting in het confucianisme is om hoogste heilige te worden.

Er zijn nog veel meer spirituele geloofsovertuigingen, zoals onder andere christendom, islam, hindoeïsme, jodendom, sikhisme en inheemse geloofsovertuigingen. Over het algemeen is in al deze geloofsovertuigingen de hoogste verworvenheid van verlichting het bereiken van de hoogste heilige in de betreffende traditie.

De hoogste heiligen die de hoogste verlichting hebben bereikt, hebben zich volledig ontdaan van de negatieve shen qi jing-informatie of boodschappen; dit om de Tien Da kwaliteiten ten volle in elk aspect van hun leven en te allen tijden te belichamen. Deze Tien Da kwaliteiten zijn de hoogste positieve boodschappen. Zij vormen het hoogste positieve informatiesysteem. Deze Tien Da kernkwaliteiten zijn de natuur van boeddha's, onsterfelijken en hoogste heiligen.

De shen qi jing van een mens bevat zowel positieve informatie of boodschappen als negatieve informatie of boodschappen. De spirituele reis van een mens bestaat eruit om positieve shen qi jing-boodschappen te verzamelen en negatieve shen qi jing-boodschappen te verwijderen. Waar draait het in het leven om? Dat kan in één zin worden samengevat:

Het leven is bedoeld om negatieve shen qi jing-boodschappen om te zetten naar positieve shen qi jing-boodschappen.

Wat zijn negatieve shen qi jing-boodschappen? Negatieve shen qi jing-boodschappen zijn negatieve ziel, hart, geest, energie en materie boodschappen.

Negatieve zielenboodschappen is informatie over de fouten die een persoon en diens voorouders in al hun levens hebben begaan. Denk hierbij aan dingen als het doden, schaden of profiteren van anderen, bedriegen, stelen en meer.

Negatieve hartboodschappen hebben onder meer betrekking op tan (貪 hebzucht), chen (嗔 boosheid), chi (痴 gebrek aan wijsheid in handelen, acties, gedrag, spraak en gedachten), man (慢 ego), yi (疑 twijfel), ming li (名利 verlangen naar roem en rijkdom), eigenbelang, onzuiverheid en meer.

Negatieve geestesboodschappen zijn onder andere negatieve gedachten, negatieve overtuigingen, negatieve houdingen, ego, gehechtheden en meer.

Negatieve energieboodschappen bevinden zich in de ruimtes tussen de cellen en tussen de organen van het menselijk lichaam. Ze omvatten overtollige energie, onvoldoende energie, geblokkeerde energie, misplaatste energie en meer.

Negatieve materieboodschappen zitten in de cellen en organen van het menselijk lichaam. Het gaat hierbij onder meer om ongewenste groei, verkeerde groei, tekort aan materie en onregelmatigheden in DNA of RNA en meer.

Ook relaties, financiën en alle aspecten van het leven kunnen negatieve boodschappen over ziel, hart, geest, energie en materie bevatten. Als je uitdagingen hebt in relaties, financiën of andere aspecten van het leven, dan heeft dat aspect negatieve ziel, hart, geest, energie of materie informatie of boodschappen.

Door de geschiedenis heen hebben vele miljoenen mensen gezocht naar en oefeningen gedaan voor het bereiken van de hoogste staat van verlichting. Miljoenen mensen hebben in allerlei spirituele sferen grote boeddha's, onsterfelijken en hoogste heiligen bestudeerd, gerespecteerd en geëerd. Mijn wens is dat meer mensen de hoogste staat van verlichting kunnen bereiken.

Zes belangrijke Tao krachttechnieken

IN DE GESCHIEDENIS van de mensheid werden Tao Bron-technieken gegeven voor healing en transformatie. Ze worden bijvoorbeeld al duizenden jaren gebruikt in Chinese energie- en spirituele oefeningen. In dit hoofdstuk zal ik de zes belangrijkste krachttechnieken samenvatten en delen met de mensheid. Het zijn:

- Lichaamskracht
- Zielenkracht
- Geestkracht
- Klankkracht
- Ademkracht
- Tao Kalligrafiekracht

In de volgende hoofdstukken zullen deze zes belangrijke krachttechnieken in heel veel oefeningen worden toegepast om alle aspecten van het leven te transformeren.

Lichaamskracht

Lichaamskracht is het gebruik van handposities en lichaamshoudingen om negatieve shen qi jing-boodschappen te zuiveren en weg te nemen, wat onder andere healing en verjonging brengt, energie stimuleert, het leven verlengt en relaties en financiën transformeert.

Door de geschiedenis heen heeft de mensheid veel diverse lichaamshoudingen en handposities gebruikt die lichaamskracht in zich dragen. Denk bijvoorbeeld aan de vele mudra's die gebruikt worden in het hindoeïsme, boeddhisme, yoga, Indiase dans en meer.

Dit zijn symbolische poses of gebaren waarbij het hele lichaam of alleen de handen en vingers gebruikt worden. Veel mudra's hebben een diepe spirituele betekenis en kracht in zich en zijn in allerlei tradities terug te vinden in de talloze kunstzinnige afbeeldingen van grote heiligen en boeddha's.

De essentie van de eenvoudige lichaamskrachttechniek die ik in dit boek het meest toepas, kan in één zin worden samengevat:

Waar je je handen legt, is waar je
healing en transformatie ontvangt.

Zielenkracht

Zielenkracht is het maken van ziel-tot-ziel, hart-tot-hart verbinding door *hallo* te zeggen tegen Tao Bron, de Hemel, Moeder Aarde, de natuur, de zon en de maan, en talloze planeten, sterren, melkwegstelsels en universa, evenals tegen alle rijken van spirituele vaders en moeders —heiligen en boeddha's—waar je in gelooft. Zielenkracht is ook *hallo* zeggen tegen innerlijke zielen, zoals de zielen van je systemen, organen, lichaamsdelen, cellen, ruimtes en meer.

Het beoefenen en de wijsheid van zielenkracht kan in één zin worden samengevat:

Met wie en waarmee je je verbindt en waartegen je *hallo* zegt,
is waarvan je healing en blessing ontvangt.

Geestkracht

Geestkracht is creatieve visualisatie. Veel leraren hebben een groot aantal geweldige visualisatietechnieken onderwezen. Een van de meest krachtige oefeningen van geestkracht is het visualiseren van een gouden licht dat uitstraalt in je lichaam, relaties of financiën. Er is een oud gezegde: jin guang zhao ti, bai bing xiao chu (金光照體, 百病消除). 'Jin' betekent *goud*. 'Guang' betekent *licht*. 'Zhao' betekent *stralen*. 'Ti' betekent *lichaam*. 'Bai' betekent *honderd*, dat kan staan voor *vele* of *allerlei soorten*. 'Bing' betekent *ziekte*. 'Xiao chu' betekent *verwijderen*. 'Jin guang zhao ti, bai bing xiao chu' betekent *gouden licht schijnt in het lichaam, alle ziektes verdwijnen*.

Geestkracht kan in één zin worden samengevat:

Wat je visualiseert, dat word je.

Klankkracht

Klankkracht is het chanten of zingen van speciale mantra's. Een mantra is een helende en transformerende klank of boodschap die bij herhaling gechant of gezongen moet worden. Er zijn veel mantra's voor healing en transformatie. Ze kunnen in lengte variëren van één lettergreep ('Om') tot honderden regels tekst vol zinnen en betekenis.

Klankkracht kan in één zin worden samengevat:

Wat je chant, dat word je.

Ademkracht

Ademkracht is het gebruik van speciale ademhalingstechnieken.

Er bestaan veel ademhalingstechnieken. Een groot aantal ervan wordt onderwezen met als doel stressverlichting, energieversterking of het verbeteren van de longfunctie. De yogamethode van adembeheersing, pranayama genaamd, is een van de meest bekende oude technieken die nog steeds wordt toegepast.

Ademkracht kan in één zin worden samengevat:

De verschillende ademhalingstechnieken zijn er om verschillende delen van het lichaam te ontwikkelen, helen en transformeren.

Tao Kalligrafiekracht

Zoals ik in Hoofdstuk 1 heb uitgelegd, is Tao Kalligrafiekracht het volgen, chanten of schrijven van Tao Kalligrafie.

Tao Kalligrafie is onbegrensd. Tao Kalligrafie bevat positieve Tao Bron shen qi jing die negatieve shen qi jing kan omzetten voor alle aspecten van het leven, inclusief gezondheid, relaties en financiën.

Het schrijven van Tao Kalligrafieën kan daarom helpen bij:

- versterken van energie, uithoudingsvermogen, vitaliteit en immuniteit
- healing en transformatie van het fysieke, emotionele, mentale of spirituele lichaam
- healing en transformatie van allerlei relaties
- healing en transformatie van financiën en bedrijf
- openen van spirituele communicatiekanalen
- verhogen van intelligentie en wijsheid
- verlichting van ziel, hart, geest en lichaam
- en meer

Tao Kalligrafiekracht kan in één zin worden samengevat:

Wat je volgt, chant of schrijft in Tao Kalligrafie, dat word je.

Zes krachten samengevoegd als één

Het toepassen van één van deze zes belangrijke krachttechnieken is krachtig. Het toepassen van alle zes krachttechnieken samen is bijzonder krachtig. Bij het toepassen van alle zes krachttechnieken als één, kan extra Tao Bron positieve shen qi jing sneller worden overgebracht op je gezondheid, relaties, financiën en alle andere aspecten van je leven.

In dit boek zal ik je begeleiden bij het gebruik van alle zes belangrijke Tao krachttechnieken samen, voor healing en transformatie van alle aspecten van het leven.

Vergeving

Binnen de zes Tao krachttechnieken vormt vergeving een belangrijk onderdeel van zielenkracht. Vergeving is krachtige geestelijke en energetische healing voor alle blokkades—fysiek, emotioneel, mentaal en spiritueel—gezondheid, relaties en financiën. Vergeef iedereen die jou dwars zit, kwetst of schade toebrengt of een conflict met je heeft. Als je onvoorwaardelijke vergeving kunt schenken aan degenen die je gekwetst hebben of dwars hebben gezeten, dan kun je ongelooflijke zegeningen ontvangen van healing en transformatie.

Waarom werkt dit zo? Mensen die jou gekwetst hebben, laten op je ziel, hart, onderbewustzijn, bewuste geest, en op de ziel, het hart, de geest en het lichaam van je organen en cellen een negatieve boodschap achter. Deze negatieve boodschap is van invloed op de celtrilling, waardoor de transformatie tussen materie in de cellen en de energie erbuiten uit balans raakt. Deze onbalans veroorzaakt ziekte. Als je degenen die jou gekwetst hebben totale, onvoorwaardelijke vergeving kunt schenken, zullen het goddelijke licht en de liefde de boodschap van de kwetsure die in je ziel, hart, geest, organen en cellen geprint is, wegwassen. Daarom kan vergeving bestaande ziekten genezen en het ontstaan van ziekte voorkomen.

Het is ook van vitaal belang om vergeving te vragen aan degenen die jij gekwetst hebt. Als degenen die jij gekwetst of geschaad hebt jou vergeving schenken, word je bevrijd van hun boosheid en wraakzucht en meer. Om healing en transformatie te voltooien moet de afdruk van deze pijn aan beide kanten worden losgelaten. Dit betekent healing en transformatie voor zowel jou als de ander. Het betekent tevens healing en transformatie van jullie relatie.

Onvoorwaardelijke vergeving is gemakkelijker gezegd dan gedaan. Hoe oprechter jij onvoorwaardelijke vergeving kunt schenken, hoe meer directe healing er kan plaatsvinden. De mogelijkheden van healing blessings zijn onbeperkt.

Het is niet alleen een kwestie van mijn woorden in acht nemen. De fysieke en emotionele voordelen van vergeving zijn wetenschappelijk bewezen. Onderzoek wijst uit dat vergeving de stress vermindert die voortkomt uit ongebalanceerde emoties als verbittering, boosheid en angst. Zoals een oude wijze ooit zei: "Graaf twee graven voordat je aan een wraakactie begint."

Healing en transformatie met de Vijf Elementen

IN DE TRADITIONELE CHINESE geneeskunde vormen de Vijf Elementen (wu xing 五行) een van de belangrijkste theorieën en praktische toepassingen. Opleidingen in de traditionele Chinese geneeskunde gaan zeer diep in op de Vijf Elementen.

De Vijf Elementen vormen een van de belangrijkste universele wetten. Het belang en de kracht ervan kan niet genoeg benadrukt worden.

Wat zijn de Vijf Elementen?

De vijf elementen van de natuur (Hout 木, Vuur 火, Aarde 土, Metaal 金, Water 水) geven een samenvatting en indeling van de inwendige organen, zintuigen, lichaamsweefsels en vloeistoffen van het menselijk lichaam, het emotionele lichaam en meer. Lichaamssytemen, organen en cellen kunnen allemaal worden onderverdeeld in de Vijf Elementen. In de traditionele Chinese geneeskunde vormt het in evenwicht brengen van de Vijf Elementen een van de sleutels tot healing. De theorie van de Vijf Elementen heeft door de geschiedenis heen bij miljoenen mensen geleid tot healing van ziekten en het verjongen van ziel, hart, geest en lichaam.

In een meer uitgebreid perspectief, is deze wijsheid ook van toepassing op alle talloze planeten in het universum. Deze kunnen worden onderverdeeld in Houtplaneten, Vuurplaneten, Aardeplaneten, Metaalplaneten en Waterplaneten.

Ook alle talloze sterren, sterrenstelsels en universa kunnen onderverdeeld worden in de Vijf Elementen. Het in evenwicht brengen van de Vijf Elementen vormt een van de sleutels tot healing van talloze planeten, sterren, sterrenstelsels en universa.

Figuur 8 hieronder laat zien hoe de belangrijkste lichaamsorganen, zintuiglijke organen, weefsels, vloeistoffen en emoties zijn onderverdeeld in de Vijf Elementen.

Element Hout

Het element Hout omvat onder andere de lever, galblaas, ogen, pezen en nagels van het fysieke lichaam, en boosheid in het emotionele lichaam.

Element Vuur

Het element Vuur omvat onder andere het hart, dunne darm, tong en alle bloedvaten van het fysieke lichaam, en angstige spanning en depressie in het emotionele lichaam.

Element	Yin-orgaan (zang)	Yang-orgaan (fu)	Lichaamsweefsel	Lichaamsvocht	Zintuig	Onevenwichtige emotie	Evenwichtige emotie
Hout	Lever	Galblaas	Pezen Nagels	Tranen	Ogen Zicht	Boosheid	Geduld
Vuur	Hart	Dunne darm	Bloedvaten	Zweet	Tong Smaak	Depressie Angstige spanning Opwinding	Vreugde
Aarde	Milt	Maag	Spieren	Speeksel	Mond Lippen Spraak	Je zorgen maken	Liefde Compassie
Metaal	Longen	Dikke darm	Huid	Slijm	Neus Geur	Verdriet rouw	Moed
Water	Nieren	Blaas	Botten Gewrichten	Urine	Oren Gehoor	Angst	Kalmte

Figuur 8. De Vijf Elementen van het fysieke en emotionele lichaam

Element Aarde

Het element Aarde omvat onder andere milt, maag, mond, lippen, tandvlees, tanden en spieren van het fysieke lichaam, en je zorgen maken in het emotionele lichaam.

Element Metaal

Het element Metaal omvat onder andere longen, dikke darm, neus en huid van het fysieke lichaam, en verdriet en rouw in het emotionele lichaam.

Element Water

Het element Water omvat onder andere nieren, blaas, oren, botten en gewrichten van het fysieke lichaam, en angst in het emotionele lichaam.

Figuur 9 toont aanvullende categorieën van de Vijf Elementen, waaronder een aantal die betrekking hebben op de externe omgeving.

Element	Vinger	Smaak	Kleur	Weer	Seizoen	Richting	Fase	Energie
Hout	Wijsvinger	Zuur	Groen	Wind	Lente	Oosten	Nieuwe yang	Genererend
Vuur	Middelvinger	Bitter	Rood	Heet	Zomer	Zuiden	Volle yang	Uitbreidend
Aarde	Duim	Zoet	Geel	Vochtig	Seizoensovergang	Centraal	Balans in yin-yang	Stabiliserend
Metaal	Ringvinger	Scherp, pikant	Wit	Droog	Herfst	Westen	Nieuwe yin	Samentrekkend
Water	Pink	Zout	Blauw	Koud	Winter	Noorden	Volle yin	Conserverend

Figuur 9. De Vijf Elementen in de natuur en meer

Kracht en betekenis van de Vijf Elementen voor healing en transformatie

Net zoals alle delen van ons fysieke lichaam onderling verbonden zijn, zo zijn ook de Vijf Elementen onderling verbonden. De vier belangrijkste typen relaties tussen de Vijf Elementen zijn:

- genererend
- controlerend
- over-controlerend
- omgekeerd controlerend

De *genererende* relatie kun je zien als een moeder-zoon relatie. De moeder baart de zoon en voedt de zoon. De moeder genereert en voedt de zoon. Binnen de Vijf Elementen zijn er vijf moeder-zoon paren (zie figuur 10):

- Hout genereert (is de moeder van) Vuur.
- Vuur genereert Aarde.
- Aarde genereert Metaal.
- Metaal genereert Water.
- Water genereert Hout.

Deze relaties zijn zichtbaar in de natuur, waar hout ontvlamt in vuur, vuur as produceert die op aarde neervalt, aarde kan worden ontgonnen voor metaal, metaal draagt water (bijv. in een emmer of pijp), en de lenteregen maakt dat planten groeien.

Toegepast op de organen van het lichaam, voedt een gezond moederorgaan het zoonorgaan. Daarom zal een gezonde lever (element Hout) met evenwichtige ziel, energie en materie (positieve shen qi jing) en zonder blokkades (negatieve shen qi jing) de ziel, energie en materie van het hart voeden (element Vuur). Op dezelfde wijze zal een gezond hart de milt voeden (element Aarde); een gezonde milt voedt de longen (element Metaal); gezonde longen voeden de nieren (element Water) en gezonde nieren voeden de lever (element Hout).

De genererende of moeder-zoon relaties tussen de Vijf Elementen zijn van uitermate groot belang.

Healing en transformatie met de Vijf Elementen

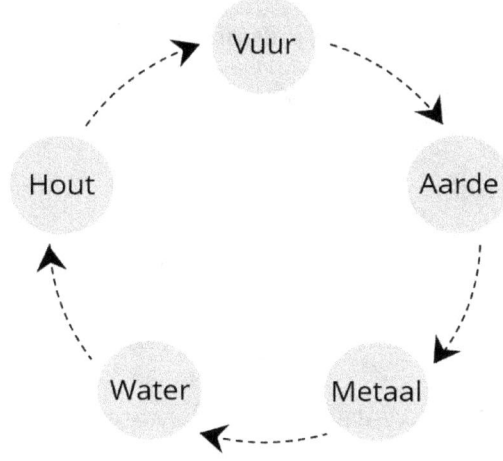

Figuur 10. Genererende relaties van de Vijf Elementen

De *controlerende* relatie laat de volgorde van dominantie of controle binnen de Vijf Elementen zien (zie figuur 11):

- Hout domineert Aarde.
- Aarde domineert Water.
- Water domineert Vuur.
- Vuur domineert Metaal.
- Metaal domineert Hout.

In de natuur haalt hout voedingsstoffen uit de aarde, aarde damt water in, water blust vuur, vuur smelt metaal, en metaal hakt hout.

Over-controlerende en *omgekeerd controlerende* relaties zijn ongebalanceerde relaties die gebruikt kunnen worden voor het beschrijven en verklaren van pathologische aandoeningen in lichaamsorganen. Deze relaties en aandoeningen worden veroorzaakt door negatieve shen qi jing-blokkades.

De theorie van de Vijf Elementen kan gezien worden als een leidraad voor evenwicht tussen het fysieke, emotionele, mentale en spirituele lichaam, en relaties en financiën. Het kan worden toegepast om de natuur in balans te brengen. Het kan helpen om planeten, sterren, melkwegstelsels en universa in balans te brengen.

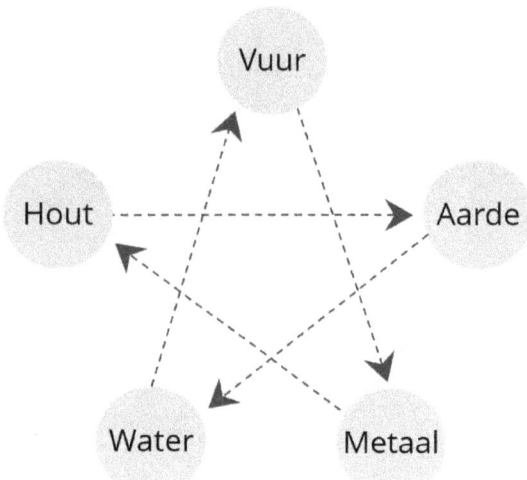

Figuur 11. Controlerende relaties van de Vijf Elementen

Een andere belangrijke theorie en kernleer van de traditionele Chinese geneeskunde heet *zang fu* 臟腑. 'Zang' betekent *ingewanden*. 'Fu' betekent *darmen*. Zang fu omvat vijf zang-organen, zes fu-organen en 'buitengewone' organen.

De vijf zang-organen zijn lever, hart, milt, longen en nieren. Dit zijn de yin-organen van de Vijf Elementen. Vijf van de zes fu-organen zijn de gekoppelde organen van de zang-organen. Dit zijn de yang-organen van de Vijf Elementen. (Zie figuur 8.) De vijf zang-fu paren zijn zodoende:

- Element Hout: lever (zang), galblaas (fu)
- Element Vuur: hart (zang), dunne darm (fu)
- Element Aarde: milt (zang), maag (fu)
- Element Metaal: longen (zang), dikke darm (fu)
- Element Water: nieren (zang), blaas (fu)

Het zesde fu-orgaan is San Jiao 三焦. 'San' betekent *drie*. 'Jiao' betekent *warmer*. San Jiao of Drievoudige Verwarmer is het grootste fu-orgaan, hoewel het geen echt orgaan is. Het is eerder de ruimte in het lichaam (drie viscerale holtes) waarin alle inwendige organen zitten.

De San Jiao wordt onderverdeeld in Bovenste Jiao, Middelste Jiao en Onderste Jiao. De Bovenste Jiao is het lichaamsgebied boven het middenrif. Daar zitten het hart en de longen. De middelste Jiao is de lichaamsruimte tussen het middenrif en het niveau van de navel. Daar zitten de alvleesklier, maag en milt. De Onderste Jiao is de lichaamsruimte vanaf het niveau van de navel tot aan de onderkant van de romp en de genitaliën. Daar zitten de dunne en dikke darm, blaas, nieren, voortplantingsorganen, geslachtsorganen en lever. Zie figuur 15 op pagina 92.

Hoewel de lever fysiek gezien in de Middelste Jiao zit, gelooft de traditionele Chinese geneeskunde dat lever en nieren dezelfde bron delen en nauw verbonden zijn. Volgens de theorie van de Vijf Elementen is de nier de moeder van de lever. Vandaar dat de lever is opgenomen in de Onderste Jiao.

De 'buitengewone' organen omvatten de hersenen, beenmerg, botten en baarmoeder.

Waarom neem ik de leer van de Vijf Elementen op in dit boek? Het is belangrijk om te beseffen dat de toepassing van de zes belangrijke Tao krachttechnieken voor healing van een van de vijf grote organen (yin-organen of zang-organen), bijdraagt aan de healing van alles wat met dit element te maken heeft. Het yin-orgaan is het hoofdorgaan van het betreffende element. Dit betekent dat alle organen, weefsels en vloeistoffen die tot dat element behoren, tegelijkertijd een helend effect ondervinden. Ook de emotionele onbalans die bij dat element hoort zal tegelijkertijd een helend effect ondervinden.

Zo is de lever het hoofdorgaan van het element Hout. Het element Hout omvat de galblaas, ogen, pezen en nagels van het fysieke lichaam en boosheid in het emotionele lichaam. Door healing te bieden aan je lever, zullen ook de andere organen (galblaas, ogen), weefsels (pezen en nagels) en de emotionele onbalans (boosheid) van het element Hout healing ontvangen, ziektepreventie en verjonging. Ditzelfde geldt voor elk van de Vijf Elementen.

In mijn boek *Soul Healing Miracles*,[9] heb ik gedetailleerd uitleg gegeven over de wijsheid van de Vijf Elementen. Ik zal hier de essentie samenvatten van de theorie van de Vijf Elementen in de traditionele Chinese geneeskunde.

Lever
- Opslag en reguleren van bloed
- Reguleert en onderhoudt de qi-stromen en bloedcirculatie
    - Reguleert emoties
    - Draagt bij aan voedselvertering en -opname
    - Zorgt voor vrije qi-stroom en bloedcirculatie
- Domineert en controleert de pezen en manifesteert zich in de nagels
- Opent in de ogen via de meridianen; de ogen zijn met name verbonden met de levermeridiaan

Hart
- Reguleert het bloed en de bloedvaten
- Manifesteert zich in het gelaat
- Herbergt de geest en zorgt voor mentale activiteiten
- Opent in de tong via de meridianen
- Zweet is de vloeistof van het hart

Milt
- Opname, vervoer, afgifte en omzetten van de voedingsstoffen die het hele lichaam van top tot teen voeden
    - Opname, afgifte en omzetten van voedingsstoffen
    - Vervoer en omzetten van vloeistoffen
- Controleert en onderhoudt de bloedcirculatie in de bloedvaten
- Domineert de spieren en de vier ledematen
- Opent in de mond via de meridianen en manifesteert zich op de lippen

---

[9] Dr. en Master Zhi Gang Sha, *Soul Healing Miracles: Ancient and New Sacred Wisdom, Knowledge, and Practical Techniques for Healing the Spiritual, Mental, Emotional, and Physical Bodies*, Dallas, TX/Toronto, ON: BenBella Books/Heaven's Library Publication Corp., 2013.

Longen
- Domineren qi, inclusief de qi van de luchtwegen en de qi van het hele lichaam
  - Controleren de qi van de ademhalingswegen
  - Controleren de qi van het hele lichaam
- Domineren, bregen neerwaarts en distribueren qi, voedingsstoffen en lichaamsvloeistoffen naar alle systemen, organen en meridianen, evenals naar de huid, het haar en de spieren
- Reguleren de vochtcirculatie en helpen bij het handhaving van een normale vochthuishouding
- Openen in de neus door de meridianen

Nieren
- Opslag van prenatale en postnatale jing (materie) en domineert ontwikkeling en voortplanting
  - Aangeboren levensessentie (prenatale jing)
  - Verworven levensessentie (postnatale jing)
- Domineren de vochthuishouding
- Ontvangen qi
- Domineren de botten, maken merg aan voor het vullen van de hersenen en manifesteren zich in het haar
- Openen in de oren via de meridianen en domineren de lichaamsopeningen aan de voor- en achterkant

Ik wil graag binnen de Vijf Elementen de wijsheid benadrukken van de relaties tussen fysieke organen en emoties. Zoals we nu weten, bestaat de mens uit vier onderling verbonden en onafscheidelijke lichamen: het fysieke, emotionele, mentale en spirituele lichaam. Onevenwichtigheid en ziekte in het ene lichaam hebben invloed op en kunnen leiden tot ziekte in de andere lichamen.

De band tussen het fysieke en emotionele lichaam werd duizenden jaren geleden al erkend en genoemd door artsen in de traditionele Chinese geneeskunde. Op basis van scherpe waarnemingen wisten deze oude Chinese genezers dat leveraandoeningen van het fysieke lichaam verbonden zijn met boosheid en woede in het emotionele lichaam. Het omgekeerde geldt ook. Ze begrepen dat onopgeloste boosheid in het emotionele lichaam disfunctioneren van de lever kan veroorzaken, wat weer kan leiden tot andere uitdagingen. In feite stelt de oude wijsheid dat boosheid de meest voorkomende oorzaak is van kanker.

Tussen andere emoties en fysieke organen werden soortgelijke verbanden waargenomen en ze gelden nog steeds. Mensen met hartproblemen zijn gevoeliger voor angstige spanning, depressie, opwinding en extase in het emotionele lichaam. Omgekeerd kunnen langdurige angstige spanning, depressie en te veel opwinding of geluk leiden tot hartproblemen. Milt- en maagproblemen creëren vaak zorgen, terwijl te veel zorgen kunnen leiden tot milt- en maagproblemen.

Het onderling verbonden zijn van het emotionele en fysieke lichaam strekt zich uit tot emoties van verdriet en angst. Als je een longziekte hebt, ben je gevoeliger voor verdriet en rouw, en omgekeerd. Nierproblemen zijn verbonden met angst in het emotionele lichaam. Dit is o.a. zichtbaar in spontaan urineverlies, een veel voorkomende reactie bij plotselinge schrik.

Laten we wat dieper ingaan op het verband tussen boosheid in het emotionele lichaam en de lever. Mensen met een leveraandoening zoals hepatitis, cirrose, of een levertumor of -kanker zijn over het algemeen snel boos. Het omgekeerde geldt ook. Als je vaak boos bent en bij de geringste aanleiding in woede ontvlamt, schaadt deze constante woede je lever door de energie ervan te blokkeren.

Denk eens terug aan de laatste keer dat je zo'n enorme ruzie had met een familielid of collega—of een vreemde—dat je echt boos werd. Ongeacht wat de aanleiding was, waarschijnlijk had je toen ook een poosje geen trek in eten. Iedereen kent deze ervaring. Als je van streek bent, worden de levercellen gestimuleerd en worden ze overactief. Hierdoor straalt er meer energie uit de lever dan normaal, wat druk geeft op de maag en je geen eetlust hebt. Verlies van eetlust is slechts één van de vroege symptomen van een leverstress die veroorzaakt wordt door boosheid. Andere verschijnselen zijn bijvoorbeeld een slechte spijsvertering, een leverkwaal en kanker.

Healing en transformatie met de Vijf Elementen

Langdurige boosheid zoals een eindeloze wrok of geregelde woede uitbarstingen maken dat de lever voortdurend extra energie uitstraalt. Als de omliggende weefsels en organen niet in staat zijn deze overtollige energie snel genoeg af te voeren, ontstaat er in en rond de lever een energieblokkade. Na verloop van tijd leidt deze blokkade tot een slecht functionerende lever, een leverkwaal of andere complicaties zoals kanker.

ಸು ಸು ಇ

De Vijf Elementen is een universele wet. De theorie en praktijk van de Vijf Elementen gelden voor de mens. Ze gelden voor Moeder Aarde. Ze gelden voor de talloze planeten, sterren, melkwegstelsels en universa.

De Vijf Elementen vormt een van de belangrijkste healingsprincipes en wijsheid in de traditionele Chinese geneeskunde. De wijsheid gaat diep en is diep. De leer van de Vijf Elementen kent flexibiliteit en creativiteit. Beste lezer, door samen met mij in het volgende hoofdstuk de Vijf Elementen toe te passen voor healing en transformatie van je leven, kun je diepere wijsheid verkrijgen en positieve effecten ervaren.

Pas zes belangrijke Tao krachttechnieken toe voor healing van de Vijf Elementen van het fysieke en emotionele lichaam

ELK MENS heeft vijf elementen. Elk dier heeft vijf elementen. Alle ontelbare planeten, sterren, sterrenstelsels en universa hebben vijf elementen. De Vijf Elementen in balans brengen staat gelijk aan helen en transformeren.

Al eeuwenlang worden in veel culturen en tradities drie belangrijke technieken gebruikt voor healing en transformatie. De Chinese namen hiervoor zijn:

- shen mi 身密, wat *lichaamsgeheim* betekent
- kou mi 口密, wat *mondgeheim* betekent
- yi mi 意密, wat *denkgeheim* betekent

In dit boek staat shen mi voor Lichaamskracht, kou mi voor Klankkracht en yi mi is Geestkracht. Daarnaast heb ik nog drie andere belangrijke krachttechnieken gedeeld, namelijk Zielenkracht, Ademkracht en Tao Kalligrafiekracht.

Ik wil nogmaals benadrukken dat het toepassen van een van de zes krachttechnieken een krachtig instrument is. Het gezamenlijk toepassen van de drie traditionele krachttechnieken (Lichaamskracht, Klankkracht en Geestkracht) is krachtiger. Het toepassen van alle zes Tao krachttechnieken samen is uitermate krachtig.

Je kunt per keer vijf tot tien minuten oefenen. Je kunt dertig minuten oefenen, een uur of langer. Er is geen tijdslimiet. Hoe langer je oefent, hoe gunstiger het effect zal zijn. Ik nodig jou en alle lezers uit om alle zes Tao krachttechnieken tegelijk toe te passen en er toegewijd mee te oefenen voor healing en transformatie van elk aspect van je leven, inclusief gezondheid, relaties en financiën.

Laten we de zes belangrijke Tao krachttechnieken samen toepassen om de Vijf Elementen van het fysieke en emotionele lichaam te helen en te transformeren.

Element Hout

Pas de zes Tao krachttechnieken toe voor healing van het element Hout, waaronder de lever (zang-orgaan van element Hout), galblaas (fu-orgaan van element Hout), ogen (zintuiglijk orgaan), pezen en nagels (lichaamsweefsels) en boosheid (ongebalanceerde emotie).

Lichaamskracht. Leg één hand over de lever. Leg de andere hand op je onderbuik, onder de navel.

Zielenkracht. Zeg *hallo* tegen de innerlijke zielen:[10]

> *Lieve ziel, hart, geest, lichaam van mijn lever, galblaas, ogen, pezen, nagels, en het emotionele lichaam van het element Hout,*
> *Ik hou van jullie, eer jullie en waardeer jullie.*
> *Jullie hebben de kracht om mijn lever, galblaas, ogen, pezen en nagels te helen en om boosheid te voorkomen.*
> *Doe je best.*
> *Dank je.*

---

[10] Je innerlijke zielen zijn de zielen van je eigen shen qi jing (ziel, hart, geest, energie, materie). Ze omvatten je 'lichaamsziel' (je belangrijkste ziel), de ziel van je verschillende systemen, organen, weefsels en cellen, en de zielen van de ruimtes en kanalen in je lichaam.

Zeg *hallo* tegen de zielen buiten jou:[11]

> *Lieve Tao Bron en Divine,*
> *Lieve boeddha's, heiligen* (je kunt de hemelse wezens of spirituele vaders en moeders waarin je gelooft bij naam noemen),
> *Lieve Hemel, Moeder Aarde en de talloze planeten, sterren, melkwegstelsels en universa,*
> *Ik hou van jullie, eer jullie en waardeer jullie.*
> *Vergeef alsjeblieft mijn voorouders en mij de fouten die wij in al onze levens hebben gemaakt met betrekking tot de lever, galblaas, ogen, pezen, nagels en boosheid.*
> *Ik bied voor al deze fouten mijn oprechte excuses aan.*
> *Aan alle zielen die mijn voorouders en ik op deze wijze gekwetst of geschaad hebben, bied ik uit het diepst van mijn hart mijn excuses aan.*
> *Om vergeven te worden, zal ik onvoorwaardelijk dienstbaar zijn.*
> *Chanten en mediteren is dienen.*
> *Ik zal zoveel mogelijk chanten en mediteren.*
> *Ik zal zo vaak mogelijk onvoorwaardelijk dienstbaar zijn.*
> *Ik vergeef iedereen onvoorwaardelijk die mij of mijn voorouders in al onze levens gekwetst of geschaad heeft.*
> *Ik ben jullie zeer dankbaar.*
> *Dank je.*

Geestkracht. Visualiseer een gouden licht dat in en rond de lever schijnt. Dit is de basisvisualisatie die je altijd kunt gebruiken voor healing en transformatie van de lever en het element Hout in zijn geheel. Als we hieronder verdergaan met Klankkracht, zullen we meer componenten toevoegen om de kracht van de visualisatie te versterken.

Ademkracht. Laat bij het inademen je buik uitzetten. Trek bij het uitademen je buik weer in. Zorg dat je in- en uitademing soepel, gelijkmatig en natuurlijk verloopt. De duur en diepte van elke ademhaling—inademing plus uitademing—hangt af van je persoonlijke gesteldheid. Dit is voor ieder

---

[11] De zielen buiten jou zijn de ontelbare zielen naast je eigen shen qi jing. Over het algemeen zeggen we *hallo* tegen de leiders van de Hemel (Tao Bron en de Divine/God) en de hemelse heiligen (in wie je ook gelooft), tegen Moeder Aarde, de zon, de maan, en de ontelbare planeten, sterren, melkwegstelsels en universa.

persoon anders. Volg de weg van de natuur. Als je op deze manier blijft oefenen, zullen de duur en diepte van je ademhaling steeds een beetje toenemen. Ik benadruk nogmaals wat het allerbelangrijkst is: *volg de weg van de natuur*. Let op dat je je ademhaling nooit doelbewust verlengt. Door meer te oefenen zal je ademhaling op natuurlijke wijze langer worden.

Klankkracht. Bij het chanten combineren we Klankkracht met Ademkracht en een meer verfijnde visualisatie van Geestkracht. Raadpleeg voor deze en andere oefeningen in dit hoofdstuk de animaties die voor jou gemaakt zijn met mijn chanting erop.

Stap 1

a. Adem in. Visualiseer gouden licht dat vanaf je neus door het centrum van je lichaam naar beneden gaat totaan de bodem van je romp, waar het als een bol samenbalt in je eerste chakra[12] (eerste zielenhuis).

b. Adem uit. Chant 'Xu' (klinkt als *shuu*), de klank voor het element Hout. Visualiseer tegelijkertijd de gouden lichtbal die vanaf het eerste zielenhuis omhoog draait naar de lever, waar hij explodeert en in alle richtingen van de lever af uitstraalt.

c. Herhaal stap 1a en 1b totaal zeven keer.

Stap 2

a. Adem in. Visualiseer een gouden licht dat vanaf je neus door het centrum van je lichaam naar beneden gaat tot aan de bodem van je romp, waar het als een bol samenbalt in je eerste chakra (eerste zielenhuis).

b. Adem uit. Chant 'Xu Xu Xu.' Visualiseer tegelijkertijd de gouden lichtbal die vanaf het eerste zielenhuis omhoog draait naar de lever, waar hij blijft draaien, explodeert en in alle richtingen van de lever af uitstraalt.

c. Herhaal stap 2a en 2b totaal vier keer.

---

[12] Op de bodem van je torso ligt een vuistgrote ruimte. Het is een spiritueel energiecentrum dat in de oude leer van de Veda's en het hindoeïsme het wortelchakra wordt genoemd. Het is het eerste van zeven grote energiechakra's die ik onderwijs. Het zijn tevens de huizen van je lichaamsziel. In Hoofdstuk 8 krijg je meer informatie over de kracht en betekenis van chakra's/zielenhuizen, en over hun grote belang voor healing en transformatie. Zie figuur 14 op pagina 90.

Stap 3

a. Adem in. Dezelfde visualisaties als in Stap 1a en 2a.
b. Adem uit. Chant:

Xu Ya (klinkt als *shuu yaah*)
Xu Ya Xu Ya You (klinkt als *shuu yaah shuu yaah yōo*)
Xu Ya Xu Ya You
Xu Ya Xu Ya Xu Ya You
Xu Ya Xu Ya Xu Ya Xu Ya You

Wanneer je deze vijf regels chant, adem dan na elke regel snel in en visualiseer de gouden lichtbal die al draaiend de volgende baan maakt:

Als je de eerste regel chant, draait de gouden lichtbal vanuit het eerste chakra (zielenhuis) omhoog naar de lever, dan naar de Kun Gong,[13] en weer terug naar het eerste zielenhuis.

Bij het chanten van de regel 2 tot en met 5 draait de gouden lichtbal vanuit het eerste chakra (zielenhuis) omhoog naar de lever, dan naar de Kun Gong, en weer terug naar het wortelchakra. Visualiseer bij het chanten van 'You' in deze regels de gouden lichtbal die een cirkel beschrijft. Hij gaat via een onzichtbare doorgang aan de voorkant van het stuitje het ruggenmerg in, stroomt via het ruggenmerg naar het achterhoofd, en gaat dan in en door de hersenen omhoog naar het kruinchakra (zevende zielenhuis) boven op je hoofd. Van daaruit gaat hij via de neusholte terug naar het gehemelte, en dan via het vijfde, vierde, derde en tweede chakra (zielenhuis) terug naar het wortelchakra (eerste zielenhuis). Zie figuur 14 op pagina 90.

c. Herhaal stap 3a en 3b totaal vier keer.

---

[13] 'Kun' is de naam van een van de hexagrammen in *Yi Jing* (*I Ching*). 'Gong' betekent *tempel*. De Kun Gong is een ruimte in het lichaam achter de navel. De Kun Gong is zeer belangrijk voor onder andere qi, verlichting van het lichaam, de gevorderde spirituele reis en meer. Zie mijn boek, *Tao II: The Way of Healing, Rejuvenation, Longevity, and Immortality* (New York/Toronto: Atria Books/Heaven's Library Publication Corp., 2010) voor meer lessen over de Kun Gong. De Kun Gong is zeer belangrijk voor het dagelijkse leven, omdat het de plek is van de 'olielamp' die het fysieke leven in stand houdt en voedt.

Je kunt hardop of in stilte chanten. Het is het beste om elke keer als je oefent zowel yang als yin te chanten.

Tao Kalligrafiekracht. Tao Kalligrafie bevat Tao shen qi jing, m.a.w. Tao Bron ziel, hart, geest, energie en materie. Dit Tao Bron informatiesysteem van positieve shen qi jing kan negatieve shen qi jing van het element Hout en alle aspecten van het leven transformeren. Ik neem in dit boek één Tao Kalligrafie op, speciaal ter ondersteuning van healing en transformatie van het element Hout.

Afronden. Beëindig je healing-, blessing-, verjonging- en transformatie oefensessie met de woorden:

> *Hao. Hao. Hao.* (Mandarijn Chinees voor *goed, perfect, gezond,* klinkt als *hauw*)
> *Dank je. Dank je. Dank je.* (aan alle zielen die je oefensessie hebben ondersteund)

De Tao Kalligrafie *Xu* (figuur 12) bevat Tao Bron positieve shen qi jing voor healing en transformatie van negatieve shen qi jing in het element Hout, inclusief lever, galblaas, ogen, pezen, nagels, en voor healing en ter voorkoming van boosheid.

Zoals ik in hoofdstuk 1 al zei, zijn er drie belangrijke manieren om te oefenen met Tao Kalligrafie: volgen, chanten en schrijven.

1. Tao Kalligrafie volgen

Via de energiekanalen bestaat er een speciale verbinding tussen de vijf vingers en de Vijf Elementen.

De wijsvinger staat in verbinding met het element Hout, inclusief onder andere lever, galblaas, ogen, pezen, nagels en boosheid in het emotionele lichaam.

De middelvinger staat in verbinding met het element Vuur, inclusief onder andere hart, dunne darm, bloedvaten, tong, en depressie en angstige spanning in het emotionele lichaam.

De ringvinger staat in verbinding met het element Metaal, inclusief onder andere longen, dikke darm, huid, neus, en verdriet en rouw in het emotionele lichaam.

De pink staat in verbinding met het element Water, inclusief onder andere nieren, blaas, botten en gewrichten, oren, en angst in het emotionele lichaam.

De duim staat in verbinding met het element Aarde, inclusief onder andere milt, maag, spieren, mond, lippen, tandvlees, tanden, en je zorgen maken in het emotionele lichaam.

Al deze verbindingen lopen via de meridianen. De meridianen zijn de energiebanen. Als je met je vingertoppen dus de Tao Bron Kalligrafie Xu (zie figuur 4 op pagina 8) of met je Dan (zie figuur 6 op pagina 9) volgt, gaat het Tao Bron positieve shen qi jing-veld voor healing en transformatie naar je Hout element. Zie figuur 13 voor het pad van Tao Kalligrafie Xu.

Ik benadruk nogmaals:

Tao Kalligrafie volgen is de positieve shen qi jing vanuit de Tao Kalligrafie ontvangen voor healing en transformatie van de negatieve shen qi jing in je lichaam.

De positieve shen qi jing in Tao Kalligrafie creëert een Tao Kalligrafie Healingveld. Door overtrekken van een Tao Kalligrafie maak je verbinding met het veld ervan. *Wat je volgt, dat word je.*

2. Chant de speciale klank van Tao Kalligrafie

De speciale klank chanten is het belichamen van de positieve shen qi jing die de Tao Kalligrafie in zich draagt. Een Tao Kalligrafie chanten is ook verbinding maken met het veld ervan. *Wat je chant, dat word je.*

Figuur 12. Tao Kalligrafie *Xu*, de klank voor het element Hout

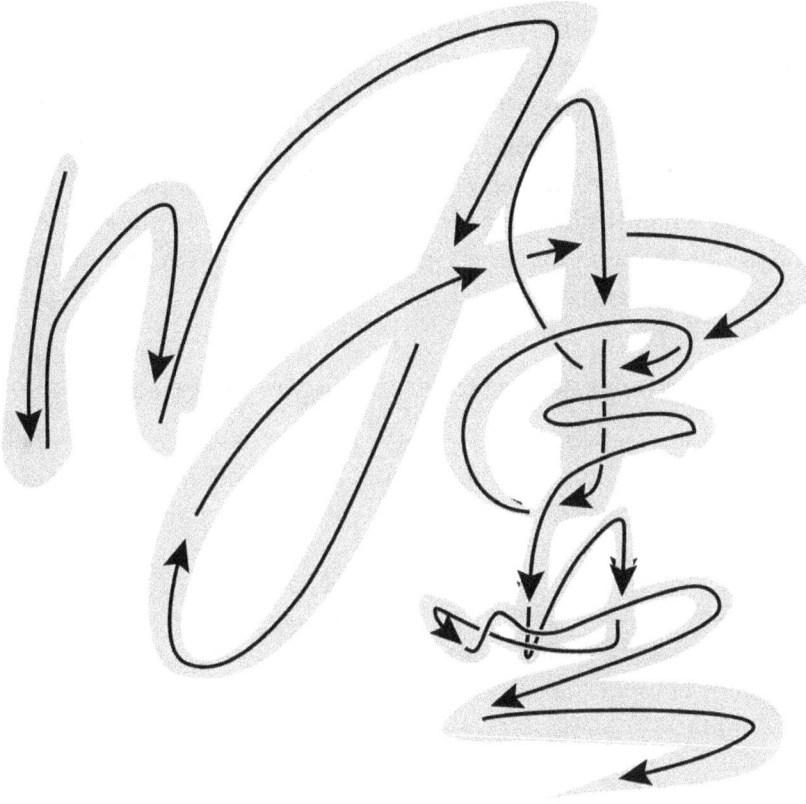

Figuur 13. Het pad bij het volgen van Tao Kalligrafie 'Xu'

3. Tao Kalligrafie schrijven

Voor het schrijven van Tao Kalligrafie kun je een penseel of welke pen dan ook gebruiken. Mijn geschoolde en gecertificeerde Tao Kalligrafie leraren en ik bieden een speciale cursus aan om te leren hoe je met een penseel een officieel Yi Bi Zi-karakter kunt schrijven. Het schrijven van Tao Kalligrafie is een van de krachtigste manieren om verbinding te maken met het Tao Kalligrafie healingveld. *Wat je schrijft, dat word je.*

Als je een karakter van Tao Kalligrafie volgt of schrijft, wordt dit volgen of schrijven je Lichaamskracht. (We richten hier onze aadacht op volgen.) Tijdens het volgen van Tao Kalligrafie kan het lastig zijn om meerdere

Tao krachttechnieken tegelijkertijd toe te passen. Dat geeft niet. Doe gewoon wat jou wél lukt. Je kunt bijvoorbeeld volgen en daarbij alleen chanten (Klankkracht). Of je kunt volgen en luisteren naar de filmpjes waarop ik chant. (Zie pagina xi.) Zelfs *alleen* Tao Kalligrafiekracht toepassen is mogelijk door eerst de oefening af te ronden en dan pas te volgen. Is de Zielenkracht 'zeg *hallo*' eenmaal aangeroepen, dan zal elke andere Tao krachttechniek in de sessie de gewenste healing en transformatie ondersteunen, ongeacht of deze alleen of in combinatie met iets anders wordt toegepast.

Afwisselend uitvoeren van yin-yang-paar

Ik ga je nog een geheim vertellen over het toepassen van de zes belangrijke Tao krachttechnieken. We leven in een wereld van yin en yang. We leven tussen Hemel en Moeder Aarde. De Hemel is yang. Moeder Aarde is yin.

Voor de Hemel, Moeder Aarde en de mens is yin-yang de allerhoogste spirituele wet en het belangrijkste principe. Alles en iedereen is onder te verdelen in yin-yang-aspecten. De zes Tao krachttechnieken zijn onderverdeeld in yin en yang.

Door je ene hand over de lever te leggen en de andere op de onderbuik, vorm je binnen Lichaamskracht een yin-yang-paar.

Met het hardop chanten van *xu* en het zachtjes chanten van *xu* vorm je een yin-yang-paar binnen Klankkracht.

Door je geest afwisselend op je lever en je hele lichaam te richten, vorm je een yin-yang-paar binnen Geestkracht.

Door het aanroepen van zielen buiten jou (Tao Bron, natuur, talloze planeten, sterren, melkwegstelsels, universa, Divine, Hemel, allerlei soorten heiligen en boeddha's) en aanroepen van innerlijke zielen (de eigen shen qi jing van je lichaam, systemen, organen, cellen, ruimtes) om je lever en lichaam te zegenen, vorm je een yin-yang-paar binnen Zielenkracht.

Inademen en uitademen vormen een yin-yang-paar binnenAdemkracht.

Chanten en volgen van Tao Kalligrafie *Xu* voor het zegenen, helen en verjongen van je lever vormen een yin-yang-paar binnen Tao Kalligrafiekracht.

Waarom is het afwisselend beoefenen van een yin-yang-paar zo belangrijk? Dat kan in één zin worden samengevat:

> **Het afwisselend beoefenen van een yin-yang-paar is om yin en yang in evenwicht te brengen en yin en yang één te laten worden om healing en transformatie te bewerkstelligen.**

Yin-yang is een universele wet. Het verenigen van yin en yang biedt de hoogste healing en transformatie.

Hoe kun je andere Tao Kalligrafieën vinden voor het toepassen van Tao Kalligrafiekracht

Ik neem Tao Kalligrafie *Xu* in dit boek op als een gift. Zoals je hebt geleerd, is Xu de klank voor healing en transformatie van het element Hout; deze Tao Kalligrafie is dus met name gunstig voor je Hout element.

Hoe kun je dan Tao Kalligrafiekracht toepassen bij de oefeningen in de rest van dit hoofdstuk (voor de andere vier elementen) en in de rest van dit boek (voor het mentale en het spirituele lichaam, de zeven energiechakra's, relaties, financiën, enz.)?

Alle boeken die ik sinds 2013 heb gepubliceerd bevatten ten minste één Tao Kalligrafie. Ik raad je aan om Tao Kalligrafie *Da Ai* (grootste liefde) te gebruiken in mijn gelijknamige boek uit 2017[14] of Tao Kalligrafie *Da Kuan*

---

[14] Dr. en Master Zhi Gang Sha, Master Maya Mackie, en Master Francisco Quintero, *Greatest Love: Unblock Your Life in 30 Minutes a Day with the Power of Unconditional Love*, Dallas, TX/Richmond Hill, ON: BenBella Books/Heaven's Library Publication Corp., 2017.

Shu (grootste vergeving) in mijn gelijknamige boek uit 2019.[15] In deze boeken vind je nog veel meer oefeningen waar jij profijt van kunt hebben. Bovendien zijn ze op zakformaat en dus gemakkelijk mee te nemen.

Er zijn ook geplastificeerde kaarten (10x15 cm of kleiner) te koop van een aantal van mijn Tao Kalligrafieën, waaronder alle Tien Da kernkwaliteiten van Tao en *Xiang Ai Ping An He Xie* (Liefde Vrede Harmonie).

Als je bovenstaande opties niet kunt gebruiken, kun je de reproductie van Tao Kalligrafie *Da Ai* op de achterkant van dit boek volgen.

De beste manier om te oefenen is om in een van mijn Master Sha Tao Centers te oefenen. Daar zijn de krachtigste Tao Kalligrafie healingvelden bestaande uit dertig tot meer dan honderd van mijn originele Tao Kalligrafieën, inclusief alle soorten organen, lichaamsdelen, weefsels, emotionele onbalans, Tien Da kwaliteiten, energiecentra, andere belangrijke ruimtes in het lichaam en meer. Begin 2020 waren er wereldwijd tien van deze door mij opgerichte centra. Ze zijn te vinden in:

- Toronto, Canada
- Honolulu, Hawaii
- San Francisco, Californië
- Vancouver, Canada
- London, Engeland
- Amersfoort, Nederland
- Antwerpen, België
- Sydney, Australië
- Bordeaux, Frankrijk
- Martinique

Neem deel aan een sessie onder leiding van een van mijn Tao Chang Grandmasters of Master Healers en Teachers voor toegang tot de hoog-

---

[15] Dr. en Master Zhi Gang Sha, Master Cynthia Deveraux, en Master David Lusch, *Greatest Forgiveness: Bring Joy and Peace to Your Life with the Power of Unconditional Forgiveness*, Dallas, TX/Richmond Hill, ON: BenBella Books/Heaven's Library Publication Corp., 2019.

ste en meest positieve informatiesystemen van Tao Kalligrafie Healingvelden. Veel lessen en oefensessies zijn online beschikbaar via een live webcast, zodat je kunt deelnemen op een moment dat het jou uitkomt.

Element Vuur

Pas de zes belangrijke krachttechnieken toe voor healing van het element Vuur, waaronder het hart (zang-orgaan van element Vuur), dunne darm (fu-orgaan van element Vuur), tong (zintuig), bloedvaten (lichaamsweefsel) en depressie en angstige spanning (de ongebalanceerde emoties).

Lichaamskracht. Leg één hand over je hart. Leg de andere hand op je onderbuik onder de navel.

Zielenkracht. Zeg *hallo* tegen de innerlijke zielen:

> Lieve ziel, hart, geest, lichaam van mijn hart, dunne darm, tong,
>   bloedvaten, en het emotionele lichaam van het element Vuur,
> Ik hou van jullie, eer jullie en waardeer jullie.
> Jullie hebben de kracht om mijn hart, dunne darm, tong en bloedvaten te
>   helen en verjongen en om depressie en angstige spanning te voorkomen.
> Doe je best.
> Dank je.

Zeg *hallo* tegen de zielen buiten jou:

> Lieve Tao Bron en Divine,
> Lieve boeddha's, heiligen (noem de hemelse wezens of spirituele
>   vaders en moeders waarin je gelooft),
> Lieve Hemel, Moeder Aarde en talloze planeten, sterren, melkwegstelsels
>   en universa,
> Ik hou van jullie, eer jullie en waardeer jullie.
> Vergeef alsjeblieft mijn voorouders en mij alle fouten die wij in al onze
>   levens hebben gemaakt met betrekking tot het hart, de dunne darm,
>   tong, bloedvaten, depressie en angstige spanning.
> Ik bied voor al deze fouten mijn oprechte excuses aan.

*Aan alle zielen die mijn voorouders en ik op deze wijze gekwetst of
 geschaad hebben, bied ik uit het diepst van mijn hart mijn excuses aan.
Om vergeven te worden, zal ik onvoorwaardelijk dienstbaar zijn.
Chanten en mediteren is dienen.
Ik zal zoveel mogelijk chanten en mediteren.
Ik zal zo vaak mogelijk onvoorwaardelijk dienstbaar zijn.
Ik vergeef iedereen onvoorwaardelijk die mij of mijn voorouders in alle
 levens gekwetst of geschaad heeft.
Ik ben jullie zeer dankbaar.
Dank je.*

Geestkracht. Visualiseer gouden licht dat in en rond het hart schijnt.

Ademkracht. Adem in en laat je buik voren komen. Adem uit en trek je buik in. Zorg dat je in- en uitademing soepel, gelijkmatig en natuurlijk verloopt. Onthoud dat de lengte van elke in- en uitademing afhangt van je persoonlijke gesteldheid.

Klankkracht. Bij het chanten combineren we Klankkracht met Ademkracht en een meer verfijnde visualisatie van Geestkracht.

Stap 1

a. Adem in. Visualiseer gouden licht dat vanaf je neus door het centrum van je lichaam naar beneden gaat tot aan de bodem van je romp, waar het als een bol samenbalt in je eerste chakra (eerste zielenhuis).

b. Adem uit. Zing 'Ah,' de klank voor het element Vuur. Visualiseer tegelijkertijd de gouden lichtbal die vanaf het eerste zielenhuis omhoog draait naar het hart, waar hij explodeert en in alle richtingen van het hart af uitstraalt.

c. Herhaal stap 1a en 1b totaal zeven keer.

Stap 2

a. Adem in. Visualiseer gouden licht dat vanaf je neus door het centrum van je lichaam naar beneden gaat tot aan de bodem van je romp, waar het als een bol samenbalt in je eerste chakra (eerste zielenhuis).

b. Adem uit. Chant 'Ah Ah Ah.' Visualiseer tegelijkertijd de gouden lichtbal die vanaf het eerste zielenhuis omhoog draait naar het hart, waar hij blijft draaien, explodeert en in alle richtingen van het hart af uitstraalt.

c. Herhaal stap 2a en 2b totaal vier keer.

Stap 3

a. Adem in. Dezelfde visualisatie als in stap 1a en 2a.

b. Adem uit. Chant:

Ah Ya (klinkt als *ah yaah*)
Ah Ya Ah Ya You (klinkt als *ah yaah ah yaah yōo*)
Ah Ya Ah Ya You
Ah Ya Ah Ya Ah Ya You
Ah Ya Ah Ya Ah Ya Ah Ya You

Wanneer je deze vijf regels chant, adem dan na elke regel snel in en visualiseer de gouden lichtbal die al draaiend de volgende baan maakt:

Bij het chanten van de eerste regel draait de gouden lichtbal vanuit het eerste chakra (zielenhuis) omhoog naar het hart, dan naar de Kun Gong, waarna hij weer naar beneden gaat naar het wortelchakra (eerste zielenhuis).

Bij het chanten van regel 2 tot en met 5 draait de gouden lichtbal vanuit het eerste chakra (zielenhuis) omhoog naar het hart, dan naar de Kun Gong, en weer terug naar het eerste zielenhuis. Visualiseer bij het chanten van 'You' in deze regels de gouden lichtbal die een cirkel beschrijft. Hij gaat via een onzichtbare doorgang aan de voorkant van het stuitje het ruggenmerg in, stroomt via het ruggenmerg naar het achterhoofd, en gaat dan in en door de hersenen omhoog naar het kruinchakra (zevende zielenhuis) boven op je hoofd. Van daaruit gaat hij via de neusholte terug naar het gehemelte, en dan via het vijfde, vierde, derde en tweede chakra (zielenhuis) terug naar het wortelchakra (eerste zielenhuis). Zie figuur 14 op pagina 90.

c. Herhaal stap 3a en 3b totaal vier keer.

Je kunt hardop of in stilte chanten. Het is het beste om bij elke sessie zowel yang als yin te chanten.

Tao Kalligrafiekracht. *Da Ai*, grootste liefde, of *Da Kuan Shu*, grootste vergeving, volgen. (Zie 'Hoe kun je andere Tao Kalligrafieën vinden voor het toepassen van Tao Kalligrafiekracht' op pagina 61.)

Tijdens het volgen wordt dit volgen je Lichaamskracht. Maak je bij het volgen geen zorgen over het toepassen van meerdere Tao krachttechnieken tegelijkertijd. Ontspan en doe gewoon wat op een natuurlijke manier en met gemak bij je opkomt. Als je de zielenkracht 'zeg *hallo*' eenmaal hebt aangeroepen, dan zal elke andere Tao krachttechniek in de sessie de gewenste healing en transformatie ondersteunen, ongeacht of deze alleen of in combinatie met iets anders wordt toegepast.

Afronden. Beëindig je oefensessie met de woorden:

Hao. Hao. Hao.
Dank je. Dank je. Dank je.

Element Aarde

Pas de zes belangrijke krachttechnieken toe voor healing van het element Aarde, inclusief milt (zang-orgaan van element Aarde), maag (fu-orgaan van element Aarde), mond, lippen, tanden en tandvlees (zintuig), spieren (lichaamsweefsel) en je zorgen maken (ongebalanceerde emotie).

Lichaamskracht. Leg één hand over de milt. Leg de andere hand op je onderbuik, onder je navel. Je kunt tijdens de oefening van hand en long wisselen.

Zielenkracht. Zeg *hallo* tegen de innerlijke zielen:

Lieve ziel, hart, geest, lichaam van mijn milt, maag, mond, lippen tanden,
 tandvlees, spieren en het emotionele lichaam van het element Aarde,
Ik hou van jullie, eer jullie en waardeer jullie.

Jullie hebben de kracht om mijn milt, maag, mond, lippen tanden,
tandvlees en spieren te helen en te voorkomen dat ik mij zorgen maak.
Doe je best.
Dank je.

Zeg *hallo* tegen de zielen buiten jou:

Lieve Tao Bron en Divine,
Lieve boeddha's, heiligen (noem de hemelse wezens of spirituele
vaders en moeders waarin je gelooft),
Lieve Hemel, Moeder Aarde en de talloze planeten, sterren,
melkwegstelsels en universa,
Ik hou van jullie, eer jullie en waardeer jullie.
Vergeef alsjeblieft mijn voorouders en mij de fouten die wij in al onze
levens hebben gemaakt met betrekking tot de milt, maag, mond, lippen
tanden, tandvlees en spieren en mij zorgen maken.
Ik bied voor al deze fouten mijn oprechte excuses aan.
Aan alle zielen die mijn voorouders en ik op deze manieren gekwetst of
geschaad hebben, bied ik uit het diepst van mijn hart mijn excuses aan.
Om vergeven te worden, zal ik onvoorwaardelijk dienstbaar zijn.
Chanten en mediteren is dienen.
Ik zal zoveel mogelijk chanten en mediteren.
Ik zal zo vaak mogelijk onvoorwaardelijk dienstbaar zijn.
Ik vergeef iedereen onvoorwaardelijk die mij of mijn voorouders in onze
levens gekwetst of geschaad heeft.
Ik ben jullie zeer dankbaar.
Dank je.

Geestkracht. Visualiseer gouden licht dat in en rond de milt schijnt.

Ademkracht. Adem in en laat je buik naar voren komen. Adem uit en trek je buik in. Zorg dat je in- en uitademing soepel, gelijkmatig en natuurlijk verloopt. Onthoud dat de duur van elke in- en uitademing afhangt van je persoonlijke gesteldheid.

Klankkracht. Bij het chanten combineren we Klankkracht met Ademkracht en een meer verfijnde visualisatie van Geestkracht.

Stap 1

a. Adem in. Visualiseer gouden licht dat vanaf je neus door het centrum van je lichaam naar beneden gaat tot aan de bodem van je romp, waar het als een bol samenbalt in je eerste chakra (eerste zielenhuis).

b. Adem uit. Chant 'Hu' (klinkt als *hoe*), de klank voor het element Aarde. Visualiseer tegelijkertijd de gouden lichtbal die vanaf het eerste zielenhuis omhoog draait naar de milt, waar hij explodeert en in alle richtingen van de milt af uitstraalt.

c. Herhaal stap 1a en 1b totaal zeven keer.

Stap 2

a. Adem in. Visualiseer gouden licht dat vanaf je neus door het centrum van je lichaam naar beneden gaat tot aan de bodem van je romp, waar het als een bol samenbalt in je eerste chakra (eerste zielenhuis).

b. Adem uit. Chant 'Hu Hu Hu.' Visualiseer tegelijkertijd de gouden lichtbal die vanaf het eerste zielenhuis omhoog draait naar de milt, waar hij blijft draaien, explodeert en in alle richtingen uitstraalt.

c. Herhaal stap 2a en 2b totaal vier keer.

Stap 3

a. Adem in. Dezelfde visualisaties als in stap 1a en 2a.

b. Adem uit. Chant:

Hu Ya (klinkt als *hoe yaah*)
Hu Ya Hu Ya You (klinkt als *hoe yaah hoe yaah yōo*)
Hu Ya Hu Ya You
Hu Ya Hu Ya Hu Ya You
Hu Ya Hu Ya Hu Ya Hu Ya You

Wanneer je deze vijf regels chant, adem dan na elke regel snel in en visualiseer de gouden lichtbal die al draaiend de volgende baan maakt:

Als je de eerste regel chant, draait de gouden lichtbal vanuit het eerste chakra (zielenhuis) omhoog naar de milt, dan naar de Kun Gong, waarna hij weer naar beneden gaat naar het wortelchakra (eerste zielenhuis).

Bij het chanten van regel 2 tot en met 5 draait de gouden lichtbal vanuit het eerste chakra (zielenhuis) omhoog naar de milt, dan naar de Kun Gong, en gaat weer terug naar het eerste zielenhuis. Visualiseer bij het chanten van 'You' in deze regels, visualiseer dan de gouden lichtbal die een cirkel beschrijft. Hij gaat via een onzichtbare doorgang aan de voorkant van het stuitje het ruggenmerg in, stroomt via het ruggenmerg naar het achterhoofd, en gaat dan in en door de hersenen omhoog naar het kruinchakra (zevende zielenhuis) boven op je hoofd. Van daaruit gaat hij via de neusholte terug naar het gehemelte, en dan via het vijfde, vierde, derde en tweede chakra (zielenhuis) terug naar het wortelchakra (eerste zielenhuis). Zie figuur 14 op pagina 90.

c. Herhaal stap 3a en 3b totaal vier keer.

Je kunt hardop of in stilte chanten. Het is het beste om bij elke keer dat je oefent zowel yang als yin te chanten.

Tao Kalligrafiekracht. Volg *Da Ai*, grootste liefde, of *Da Kuan Shu*, grootste vergeving. (Zie 'Hoe kun je andere Tao Kalligrafieën vinden voor het toepassen van Tao Kalligrafiekracht' op pagina 61.)

Wanneer je volgt, wordt dit volgen je Lichaamskracht. Als je wilt kun je het volgen combineren met Geestkracht, Klankkracht en/of Ademkracht, of je kunt je gewoon concentreren op het volgen zelf.

Afronden. Beëindig je oefensessie met de woorden:

Hao. Hao. Hao.
Dank je. Dank je. Dank je.

Element Metaal

Pas de zes belangrijke Tao krachttechnieken toe voor healing van het element Metaal, inclusief longen (zang-orgaan van element Metaal), dikke darm (fu-orgaan van element Metaal), neus (zintuig), huid (lichaamsweefsel) en verdriet en rouw (ongebalanceerde emoties).

Lichaamskracht. Leg één hand over een long. Leg de andere hand op je onderbuik, onder je navel. Je kunt tijdens de oefening van hand en long wisselen.

Zielenkracht. Zeg *hallo* tegen de innerlijke zielen:

> *Lieve ziel, hart, geest, lichaam van mijn longen, dikke darm, neus, huid en het emotionele lichaam van het element Metaal,*
> *Ik hou van jullie, eer jullie en waardeer jullie.*
> *Jullie hebben de kracht om mijn longen, dikke darm, neus en huid te helen en om verdriet en rouw te voorkomen.*
> *Doe je best.*
> *Dank je.*

Zeg *hallo* tegen de zielen buiten jou:

> *Lieve Tao Bron en Divine,*
> *Lieve boeddha's, heiligen* (noem de hemelse wezens of spirituele vaders en moeders waarin je gelooft),
> *Lieve Hemel, Moeder Aarde en de talloze planeten, sterren, melkwegstelsels en universa,*
> *Ik hou van jullie, eer jullie en waardeer jullie.*
> *Vergeef alsjeblieft mijn voorouders en mij de fouten die wij in al onze levens hebben gemaakt en die betrekking hebben op de longen, dikke darm, neus, huid, verdriet en rouw.*
> *Ik bied voor al deze fouten mijn oprechte excuses aan.*
> *Aan alle zielen die mijn voorouders en ik op deze manieren gekwetst of geschaad hebben, bied ik uit het diepst van mijn hart mijn excuses aan.*
> *Om vergeven te worden, zal ik onvoorwaardelijk dienstbaar zijn.*
> *Chanten en mediteren is dienen.*
> *Ik zal zoveel mogelijk chanten en mediteren.*
> *Ik zal zo vaak mogelijk onvoorwaardelijk dienstbaar zijn.*
> *Ik vergeef iedereen onvoorwaardelijk die mij of mijn voorouders in onze levens gekwetst of geschaad heeft.*
> *Ik ben jullie zeer dankbaar.*
> *Dank je.*

Geestkracht. Visualiseer gouden licht dat in en rond de longen schijnt.

Healing van de Vijf Elementen van fysieke en emotionele lichaam

Ademkracht. Adem in en laat je buik naar voren komen. Adem uit en trek je buik in. Zorg dat je in- en uitademing soepel, gelijkmatig en natuurlijk verloopt. Onthoud dat de duur van elke in- en uitademing afhangt van je persoonlijke gesteldheid.

Klankkracht. Bij het chanten combineren we Klankkracht met Ademkracht en een meer verfijnde visualisatie van Geestkracht.

Stap 1

a. Adem in. Visualiseer gouden licht dat vanaf je neus door het centrum van je lichaam naar beneden gaat tot aan de bodem van je romp, waar het als een bol samenbalt in je eerste chakra (eerste zielenhuis).

b. Adem uit. Chant 'Si' (klinkt als *tsuh*), de klank voor het element Metaal. Visualiseer tegelijkertijd de gouden lichtbal die vanaf het eerste zielenhuis omhoog draait naar de longen, waar hij explodeert en in alle richtingen van de longen af uitstraalt.

c. Herhaal stap 1a en 1b totaal zeven keer.

Stap 2

a. Adem in. Visualiseer gouden licht dat vanaf je neus door het centrum van je lichaam naar beneden gaat tot aan de bodem van je romp, waar het als een bol samenbalt in je eerste chakra (eerste zielenhuis).

b. Adem uit. Chant 'Si Si Si.' Visualiseer tegelijkertijd de gouden lichtbal die vanaf het eerste zielenhuis omhoog draait naar de longen, waar hij blijft draaien, explodeert en in alle richtingen van de longen af uitstraalt.

c. Herhaal stap 2a en 2b totaal vier keer.

Stap 3

a. Adem in. Dezelfde visualisaties als in stap 1a en 2a.

b. Adem uit. Chant:

Si Ya (klinkt als *tsuh yaah*)
Si Ya Si Ya You (klinkt als *tsuh yaah tsuh yaah yoō*)
Si Ya Si Ya You
Si Ya Si Ya Si Ya You
Si Ya Si Ya Si Ya Si Ya You

Wanneer je deze vijf regels chant, adem dan na elke regel snel in en visualiseer de gouden lichtbal die al draaiend de volgende baan maakt:

Als je de de eerste regel chant, draait de gouden lichtbal vanuit het eerste chakra (zielenhuis) omhoog naar de longen, dan naar de Kun Gong, waarna hij weer naar beneden gaat naar het wortelchakra (eerste zielenhuis).

Bij het chanten van regel 2 tot en met 5 draait de gouden lichtbal vanuit het eerste chakra (zielenhuis) omhoog naar de longen, dan naar de Kun Gong, en weer terug naar het eerste zielenhuis. Visualiseer bij het chanten van 'You' in deze regels de gouden lichtbal die een cirkel beschrijft. Hij gaat via een onzichtbare doorgang aan de voorkant van het stuitje het ruggenmerg in, stroomt via het ruggenmerg naar het achterhoofd, en gaat dan in en door de hersenen omhoog naar het kruinchakra (zevende zielenhuis) boven op je hoofd. Van daaruit gaat hij via de neusholte terug naar het gehemelte, en dan via het vijfde, vierde, derde en tweede chakra (zielenhuis) terug naar het wortelchakra (eerste zielenhuis). Zie figuur 14 op pagina 90.

c. Herhaal stap 3a en 3b totaal vier keer.

Je kunt hardop of in stilte chanten. Het is het beste om elke keer als je oefent zowel yang als yin te chanten.

Tao Kalligrafiekracht. Volg *Da Ai*, grootste liefde, of *Da Kuan Shu*, grootste vergeving. (Zie 'Hoe kun je andere Tao Kalligrafieën vinden voor het toepassen van Tao Kalligrafiekracht' op pagina 61.)

Tijdens het volgen wordt dit volgen je Lichaamskracht. Als je wilt kun je het volgen combineren met Geestkracht, Klankkracht en/of Ademkracht, of je kunt je gewoon concentreren op het volgen zelf.

Afronden. Beëindig je oefensessie met de woorden:

Hao. Hao. Hao.
Dank je. Dank je. Dank je.

Element Water

Pas de zes belangrijke Tao krachttechnieken toe voor healing van het element Water, inclusief nieren (zang-orgaan van element Water), blaas (fu-orgaan van element Water), oren (zintuig), botten en gewrichten (lichaamsweefsel) en angst (ongebalanceerde emotie).

Lichaamskracht. Leg één hand over een nier. Leg de andere hand op je onderbuik, onder de navel. Als je handen of armen te moe worden, of zelfs als dat niet het geval is, kun je tijdens de oefening de handen en nieren afwisselen.

Zielenkracht. Zeg *hallo* tegen de innerlijke zielen:

> Lieve ziel, hart, geest en lichaam van mijn nieren, blaas, oren, botten en het emotionele lichaam van het element Water,
> Ik hou van jullie, eer jullie en waardeer jullie.
> Jullie hebben de kracht om mijn nieren, blaas, oren, botten en gewrichten te helen en angst te voorkomen.
> Doe je best.
> Dank je.

Zeg *hallo* tegen de zielen buiten jou:

> Lieve Tao Bron en Divine,
> Lieve boeddha's, heiligen (noem de hemelse wezens of spirituele vaders en moeders waarin je gelooft),
> Lieve Hemel, Moeder Aarde en de talloze planeten, sterren, melkwegstelsels en universa,
> Ik hou van jullie, eer jullie en waardeer jullie.
> Vergeef alsjeblieft mijn voorouders en mij de fouten die wij in al onze levens hebben gemaakt met betrekking tot de nieren, blaas, oren, botten, gewrichten en angst.
> Ik bied voor al deze fouten mijn oprechte excuses aan.
> Aan alle zielen die mijn voorouders en ik op deze manieren gekwetst of geschaad hebben, bied ik uit het diepst van mijn hart mijn excuses aan.
> Om vergeven te worden, zal ik onvoorwaardelijk dienstbaar zijn. Chanten en mediteren is dienen.

Ik zal zoveel mogelijk chanten en mediteren.
Ik zal zo vaak mogelijk onvoorwaardelijk dienstbaar zijn.
Ik vergeef iedereen onvoorwaardelijk die mij of mijn voorouders in onze levens gekwetst of geschaad heeft.
Ik ben jullie zeer dankbaar.
Dank je.

Geestkracht. Visualiseer gouden licht dat in en rond de nieren schijnt.

Ademkracht. Adem in en laat je buik naar voren komen. Adem uit en trek je buik in. Zorg dat je in- en uitademing soepel, gelijkmatig en natuurlijk verloopt. Onthoud dat de duur van elke in- en uitademing afhangt van je persoonlijke gesteldheid.

Klankkracht. Bij het chanten combineren we Klankkracht met Ademkracht en een meer verfijnde visualisatie van Geestkracht.

Stap 1
a. Adem in. Visualiseer gouden licht dat vanaf je neus door het centrum van je lichaam naar beneden gaat tot aan de bodem van je romp, waar het als een bol samenbalt in je eerste chakra (eerste zielenhuis).
b. Adem uit. Chant 'Chui' (klinkt als *tchwee*), de klank voor het element Water. Visualiseer tegelijkertijd de gouden lichtbal die vanaf het eerste zielenhuis omhoog draait naar de nieren, waar hij explodeert en in alle richtingen van de nieren af uitstraalt.
c. Herhaal stap 1a en 1b totaal zeven keer.

Stap 2
a. Adem in. Visualiseer gouden licht dat vanaf je neus door het centrum van je lichaam naar beneden gaat tot aan de bodem van je romp, waar het als een bol samenbalt in je eerste chakra (eerste zielenhuis).
b. Adem uit. Chant 'Chui Chui Chui.' Visualiseer tegelijkertijd de gouden lichtbal die vanaf het eerste zielenhuis omhoog draait naar de nieren, waar hij blijft draaien, explodeert en in alle richtingen van de nieren af uitstraalt.
c. Herhaal stap 2a en 2b totaal vier keer.

Stap 3

a. Adem in. Dezelfde visualisaties als in stap 1a en 2a.

b. Adem uit. Chant:

Chui Ya (klinkt als *tchwee yaah*)
Chui Ya Chui Ya You (klinkt als *tchwee yaah tchwee yaah yōo*)
Chui Ya Chui Ya You
Chui Ya Chui Ya Chui Ya You
Chui Ya Chui Ya Chui Ya Chui Ya You

Wanneer je deze vijf regels chant, adem dan na elke regel snel in en visualiseer de gouden lichtbal die al draaiend de volgende baan maakt:

Als je de eerste regel chant, draait de gouden lichtbal vanuit het eerste chakra (zielenhuis) omhoog naar de nieren, dan naar de Kun Gong, waarna hij weer naar beneden gaat naar het wortelchakra (eerste zielenhuis).

Bij het chanten van regel 2 tot en met 5 draait de gouden lichtbal vanuit het eerste chakra (zielenhuis) omhoog naar de nieren, dan naar de Kun Gong en weer terug naar het eerste zielenhuis. Visualiseer bij het chanten van 'You' in deze regels de gouden lichtbal die een cirkel beschrijft. Hij gaat via een onzichtbare doorgang aan de voorkant van het stuitje het ruggenmerg in, stroomt via het ruggenmerg naar het achterhoofd, en gaat dan in en door de hersenen omhoog naar het kruinchakra (zevende zielenhuis) boven op je hoofd. Van daaruit gaat hij via de neusholte terug naar het gehemelte, en dan via het vijfde, vierde, derde en tweede chakra (zielenhuis) terug naar het wortel- chakra (eerste zielenhuis). Zie figuur 14 op pagina 90.

c. Herhaal stap 3a en 3b totaal vier keer.

Je kunt hardop of in stilte chanten. Het is het beste om elke keer als je oefent zowel yang als yin te chanten.

Tao Kalligrafiekracht. Volg *Da Ai*, grootste liefde, of *Da Kuan Shu*, grootste vergeving. (Zie 'Hoe kun je andere Tao Kalligrafieën vinden voor het toepassen van Tao Kalligrafiekracht' op pagina 61.)

Tijdens het volgen wordt dit volgen je Lichaamskracht. Als je wilt kun je het volgen combineren met Geestkracht, Klankkracht en/of Ademkracht, of je kunt je gewoon concentreren op het volgen zelf.

Afronden. Beëindig je oefensessie met de woorden:

Hao. Hao. Hao.
Dank je. Dank je. Dank je.

ഏ ഏ ഇ

Healing en transformatie van de Vijf Elementen is een van de belangrijkste oefeningen voor gezondheid, relaties en financiën. In dit hoofdstuk hebben we zes belangrijke Tao krachttechnieken toegepast voor healing en transformatie van het fysieke en het emotionele lichaam. We gaan nu de zes Tao krachttechnieken toepassen voor healing van het mentale lichaam.

Zes belangrijke Tao krachttechnieken toepassen voor healing van het mentale lichaam

HET MENTALE LICHAAM IS de geest van een mens, een dier of van alles en iedereen. De geest is het bewustzijn. Alles en iedereen is gemaakt van shen qi jing. Met andere woorden, alles en iedereen heeft een ziel, hart (spirituele kern), geest (bewustzijn) en lichaam (energie en materie). Blokkades in de geest of het bewustzijn zijn grote blokkades die verband houden met alle aspecten van het leven.

Ik wil nogmaals benadrukken dat enkele van de belangrijkste geestblokkades die als negatieve informatie of boodschappen aanwezig zijn in de geest, negatieve gedachtepatronen zijn, negatieve houdingen, negatieve overtuigingen, ego, gehechtheid en meer.

Ook tal van psychische aandoeningen hebben healing en transformatie nodig. Denk aan psychische verwardheid, slechte concentratie, geheugenverlies, aandachtstekort-stoornis, eetstoornissen, obsessief-compulsieve stoornis, de ziekte van Alzheimer, bipolaire stoornis, andere ernstige psychische stoornissen en nog veel meer.

Ik zal nog een belangrijk geheim delen: de sleutel voor healing en het in balans brengen van het geestelijke lichaam is het hartchakra of vierde zielenhuis. Ik noem het ook wel Boodschapscentrum.

Het Boodschapscentrum is een van de belangrijkste spirituele en energiecentra in de mens. Het is het centrum voor healing van de ziel en zielencommunicatie. Het Boodschapscentrum en het hart leiden het bewustzijn. Healing en transformatie van het Boodschapscentrum is het transformeren van het bewustzijn, zoals emoties, negatieve gedachtepatronen, negatieve houdingen, negatieve overtuigingen, ego, gehechtheden en alle andere vormen van mentale blokkades en uitdagingen.

We gaan de zes belangrijke Tao krachttechnieken toepassen voor healing en transformatie van het mentale lichaam door healing en transformatie van het Boodschapscentrum.

Om het mentale lichaam te helen en transformeren zullen we oefenen met de vierde van de Tien Da kernkwaliteiten van Tao, Da Guang Ming, grootste licht. Ik wil de kracht en betekenis onderstrepen van Da Guang Ming zoals verteld in de vier regels van de speciale Tao-mantra van Da Guang Ming in Hoofdstuk 2:

De vierde van de Tien Da kernkwaliteiten van Tao is grootste licht en grootste transparantie.
Ik ben in het licht van Tao Bron.
Het licht van Tao Bron is in mij.
Het hele lichaam is volledig licht en transparant.

Lichaamskracht. Leg één hand over het Boodschapscentrum (hartchakra, vierde zielenhuis); het bevindt zich in het midden van de borstkas naast het hart. Zie figuur 14 op pagina 90. Leg de andere hand op de hersenen.

Zielenkracht. Zeg *hallo* tegen de innerlijke zielen:

Lieve ziel, hart, geest, lichaam van mijn Boodschapscentrum,
Lieve ziel, hart, geest, lichaam van mijn geest,
Ik hou van jullie, eer jullie en waardeer jullie.
Jullie hebben de kracht om mijn hart en mijn geest te helen en transformeren.
Doe je best.
Dank je.

Zeg *hallo* tegen de zielen buiten jou:

Lieve Tao Bron en Divine,
Lieve boeddha's, heiligen (noem de heiligen waar je in gelooft),
Lieve Hemel, Moeder Aarde en de talloze planeten, sterren,
   melkwegstelsels en universa,
Ik hou van jullie, ik eer jullie en ik waardeer jullie.
Vergeef alsjeblieft mijn voorouders en mij de fouten die wij in al onze
   levens hebben gemaakt met betrekking tot de geest of het mentale
   lichaam.
Ik bied voor al deze fouten mijn oprechte excuses aan.
Aan alle zielen die mijn voorouders en ik gekwetst of geschaad hebben door
   het veroorzaken van geestblokkades of psychische aandoeningen, bied ik
   uit de grond van mijn hart mijn excuses aan.
Om vergeven te worden, zal ik onvoorwaardelijk dienstbaar zijn.
Chanten en mediteren is dienen.
Ik zal zoveel mogelijk chanten en mediteren.
Ik zal zo vaak mogelijk onvoorwaardelijk dienstbaar zijn.
Ik vergeef iedereen onvoorwaardelijk die mij of mijn voorouders in onze
   levens gekwetst of geschaad heeft.
Ik ben jullie zeer dankbaar.
Dank je.

Geestkracht. Visualiseer gouden licht dat in en rond het Boodschapscentrum en de hersenen schijnt.

Ademkracht. Adem in en laat je buik naar voren komen. Adem uit en trek je buik in. Zorg dat je in- en uitademing soepel, gelijkmatig en natuurlijk verloopt. Onthoud dat de duur van elke in- en uitademing afhangt van je persoonlijke gesteldheid. Volg de weg van de natuur.

Klankkracht Bij het chanten combineren we Klankkracht met Ademkracht en een meer verfijnde visualisatie van Geestkracht. Bekijk de video met mijn chanten die voor jou gemaakt is voor deze oefening en voor alle belangrijke oefeningen in dit boek.

Stap 1

a. Adem in. Visualiseer gouden licht dat vanaf je neus door het centrum van je lichaam naar beneden gaat tot aan de bodem van je romp, waar het als een bol samenbalt in je eerste chakra (eerste zielenhuis).

b. Adem uit. Chant 'Guang Ming' (klinkt als *gwang ming*). Visualiseer tegelijkertijd de gouden lichtbal die omhoog draait vanaf het eerste zielenhuis naar het Boodschapscentrum, waar hij explodeert en in alle richtingen van het Boodschapscentrum af uitstraalt.

c. Herhaal stap 1a en 1b totaal zeven keer.

Stap 2

a. Adem in. Visualiseer gouden licht dat vanaf je neus door het centrum van je lichaam naar beneden gaat tot aan de bodem van je romp, waar het als een bol samenbalt in je eerste chakra (eerste zielenhuis).

b. Adem uit. Chant 'Guang Ming Guang Ming Guang Ming.' Visualiseer tegelijkertijd de gouden lichtbal die vanaf het eerste zielenhuis omhoog draait naar het Boodschapscentrum, waar hij blijft draaien, explodeert en in alle richtingen uitstraalt.

c. Herhaal stap 2a en 2b totaal vier keer.

Stap 3

a. Adem in. Dezelfde visualisaties als in stap 1a en 2a.

b. Adem uit. Chant:

Guang Ming (klinkt als *gwang ming*)
Guang Ming Guang Ming Guang Ming
Guang Ming Guang Ming Guang Ming
Guang Ming Guang Ming Guang Ming
Guang Ming Guang Ming Guang Ming Guang Ming

Wanneer je deze vijf regels chant, adem dan na elke regel snel in en visualiseer de gouden lichtbal die al draaiend de volgende baan maakt:

Bij het chanten van de eerste regel draait de gouden lichtbal vanuit het eerste zielenhuis omhoog naar het Boodschapscentrum en gaat dan via de Kun Gong terug naar het eerste zielenhuis.

Bij het chanten van de regel 2 tot en met 5 draait de gouden lichtbal vanuit het eerste zielenhuis omhoog naar Boodschapscentrum, en gaat dan door de Kun Gong terug naar het eerste zielenhuis. Vervolgens beschrijft de gouden bal een cirkel. Hij gaat via een onzichtbare doorgang aan de voorkant van het stuitje het ruggenmerg in, stroomt via het ruggenmerg naar het achterhoofd, en gaat dan in en door de hersenen omhoog naar het kruinchakra (zevende zielenhuis) boven op je hoofd. Van daaruit gaat hij via de neusholte terug naar het gehemelte en dan via het vijfde, vierde, derde en tweede chakra (zielenhuis) terug naar het wortelchakra (eerste zielenhuis). Zie figuur 14 op pagina 90.

c. Herhaal stap 3a en 3b totaal vier keer.

Je kunt hardop of in stilte chanten. Het is het beste om elke keer als je oefent zowel yang als yin te chanten.

Tao Kalligrafiekracht. Volg *Da Ai*, grootste liefde, of *Da Kuan Shu*, grootste vergeving. (Zie 'Hoe kun je andere Tao Kalligrafieën vinden voor het toepassen van Tao Kalligrafiekracht' op pagina 61.)

Tijdens het volgen wordt dit volgen je Lichaamskracht. Als je wilt kun je het volgen combineren met Geestkracht, Klankkracht en/of Ademkracht, of je kunt je gewoon concentreren op het volgen zelf.

Afronden. Beëindig je oefensessie met de woorden:

Hao. Hao. Hao.
Dank je. Dank je. Dank je.

ೞ ೞ ಜ

We hebben zes belangrijke Tao krachttechnieken toegepast voor healing en transformatie van het mentale lichaam door middel van Da Guang

Ming, grootste licht. Da Guang Ming is de vierde van de Tien Da. Om het mentale lichaam te transformeren kun je elk van de negen andere Tien Da kwaliteiten op dezelfde wijze toepassen.

Er zijn veel ongezonde aandoeningen van de geest of het bewustzijn. Ze zijn allemaal te helen en transformeren door de diepe wijsheid en technieken toe te passen die ik in dit hoofdstuk heb gedeeld.

Oefen. Oefen. Oefen.

Ervaar de transformatie.

Zes belangrijke Tao krachttechnieken toepassen voor healing van het spirituele lichaam

EEN MENS HEEFT ontelbaar veel zielen. Mensen hebben een lichaamsziel, zielen voor alle systemen, organen, cellen, celeenheden, DNA, RNA, ruimtes tussen de cellen, uiterst kleine deeltjes in de cellen en ga zo maar door.

Zielen blijven na elk leven reïncarneren. Zielen dragen alle wijsheid, kennis, levenservaring en herinneringen van alle levens in zich. Maar zielen dragen ook de blokkades van alle levens in zich. Het toepassen van de zes Tao krachttechnieken voor healing van het spirituele lichaam is de sleutel voor healing van alle ziekten.

Waarom? De ziel is de baas. Denk aan de vier regels in de Wet van Shen Qi Jing:

靈到心到	ling dao xin dao	De ziel arriveert, het hart volgt.
心到意到	xin dao yi dao	Het hart arriveert, de geest volgt.
意到氣到	yi dao qi dao	De geest arriveert, de energie volgt.
氣到血到	qi dao xue dao	De energie arriveert, de materie volgt.

Onze geliefde ziel is het magazijn waar alle informatie is opgeslagen vanuit alle levens, de inhoud van alle boodschappen van ons fysieke, emotionele, geestelijke en spirituele lichaam, en van onze relaties, financiën en meer. Negatieve informatie of boodschappen in de ziel—de blokkades vanuit alle levens—worden doorgegeven aan het hart, de geest en het lichaam. Dit kan resulteren in allerlei blokkades, uitdagingen en negativiteit in het hart, de geest en het lichaam. Daarom kan het belang van healing van het mentale lichaam niet vaak genoeg worden uitgelegd.

Heel en transformeer eerst de ziel; dan zal healing en transformatie van alle aspecten van het leven volgen.

Er is ook een andere manier om deze sleutel voor healing uit te drukken:

Heel en transformeer eerst het spirituele lichaam; dan zal healing en transformatie van het mentale, emotionele en fysieke lichaam volgen.

Pas de zes Tao krachttechnieken toe voor healing en transformatie van het spirituele lichaam. In Hoofdstuk 2 heb ik de tien grootste kernkwaliteiten gedeeld van Tao Bron, de Hemel, Moeder Aarde en een mens.

We gaan Da Ai, grootste liefde, toepassen voor healing en transformatie van het spirituele lichaam. Ik wil de kracht en betekenis benadrukken van Da Ai via de vier regels van de speciale mantra die ik heb gedeeld in Hoofdstuk 2:

Geef eerst grootste liefde, de eerste van de Tien Da kernkwaliteiten van Tao.
Onvoorwaardelijke liefde
laat alle blokkades smelten.
Helder hart; verlichte ziel, hart en geest.

Lichaamskracht. Leg één hand over je hart. Eeuwenoude wijsheid leert dat het hart de geest en de ziel herbergt. Leg je andere hand op je onderbuik, onder de navel.

Zielenkracht. Zeg *hallo* tegen de innerlijke zielen:

Lieve ziel, hart, geest, lichaam van mijn spirituele lichaam,
Ik hou van jullie, eer jullie en waardeer jullie.

*Jullie hebben de kracht om jezelf te helen en transformeren. Doe je best.
Dank je.*

Zeg *hallo* tegen de zielen buiten jou:

*Lieve Tao Bron en Divine,
Lieve boeddha's, heiligen* (noem de heiligen waar je in gelooft)*,
Lieve Hemel, Moeder Aarde en de talloze planeten, sterren,
    melkwegstelsels en universa,
Ik hou van jullie, eer jullie en waardeer jullie.
Vergeef alsjeblieft mijn voorouders en mij de fouten die wij in al onze
    levens hebben gemaakt met betrekking tot de spirituele reis en het
    spirituele lichaam.
Ik bied voor al deze fouten mijn oprechte excuses aan.
Aan alle zielen die mijn voorouders en ik gekwetst of geschaad hebben door
    het veroorzaken van blokkades in hun spirituele reis of spiritueel
    lichaam, bied ik uit de grond van mijn hart mijn excuses aan.
Om vergeven te worden, zal ik onvoorwaardelijk dienstbaar zijn.
Chanten en mediteren is dienen.
Ik zal zoveel mogelijk chanten en mediteren.
Ik zal zo vaak mogelijk onvoorwaardelijk dienstbaar zijn.
Ik vergeef iedereen onvoorwaardelijk die mij of mijn voorouders in onze
    levens gekwetst of geschaad heeft.
Ik ben jullie zeer dankbaar.
Dank je.*

Geestkracht. Visualiseer gouden licht dat in en rond het hart en door het hele lichaam schijnt.

Ademkracht. Adem in en laat je buik naar voren komen. Adem uit en trek je buik in. Zorg dat je in- en uitademing soepel, gelijkmatig en natuurlijk verloopt. Onthoud dat de duur en van elke in- en uitademing afhangt van je persoonlijke gesteldheid.

Klankkracht. Bij het chanten combineren we Klankkracht met Ademkracht en een meer verfijnde visualisatie van Geestkracht. Bekijk de video met mijn chanten die voor jou gemaakt is voor deze oefening en voor alle belangrijke oefeningen in dit boek.

Stap 1
a. Adem in. Visualiseer gouden licht dat vanaf je neus door het centrum van je lichaam naar beneden gaat tot aan de bodem van je romp, waar het als een bol samenbalt in je eerste chakra (eerste zielenhuis).
b. Adem uit. Chant 'Da Ai' (klinkt als *daah aai*). Visualiseer tegelijkertijd de gouden lichtbal die vanaf het eerste zielenhuis omhoog draait naar het hart, waar hij explodeert en in alle richtingen van het hart af uitstraalt.
c. Herhaal stap 1a en 1b totaal zeven keer.

Stap 2
a. Adem in. Visualiseer gouden licht dat vanaf je neus door het centrum van je lichaam naar beneden gaat tot aan de bodem van je romp, waar het als een bol samenbalt in je eerste chakra (eerste zielenhuis).
b. Adem uit. Chant 'Da Ai Da Ai Da Ai.' Visualiseer tegelijkertijd de gouden lichtbal die vanaf het eerste zielenhuis omhoog draait naar het hart, waar hij blijft draaien, explodeert en in alle richtingen van het hart af uitstraalt.
c. Herhaal stap 2a en 2b totaal vier keer.

Stap 3
a. Adem in. Dezelfde visualisaties als in Stap 1a en 2a.
b. Adem uit. Chant:

Da Ai (klinkt als *daah aai*)
Da Ai Da Ai Da Ai
Da Ai Da Ai Da Ai
Da Ai Da Ai Da Ai
Da Ai Da Ai Da Ai Da Ai

Wanneer je deze vijf regels chant, adem dan na elke regel snel in en visualiseer de gouden lichtbal die al draaiend de volgende baan maakt:

Bij het chanten van de eerste regel draait de gouden lichtbal vanuit het eerste zielenhuis omhoog naar het hart, dan naar het hartchakra

Healing van het spirituele lichaam

(vierde zielenhuis), en gaat dan via de Kun Gong terug naar het eerste zielenhuis.

Bij het chanten van de regel 2 tot en met 5 draait de gouden lichtbal vanuit het eerste zielenhuis omhoog naar het hart, dan naar het hartchakra (vierde zielenhuis), en via de Kun Gong weer terug naar het eerste zielenhuis. Vervolgens beschrijft de gouden bal een cirkel. Hij gaat via een onzichtbare doorgang aan de voorkant van het stuitje het ruggenmerg in, stroomt via het ruggenmerg naar het achterhoofd, en gaat dan in en door de hersenen omhoog naar het kruinchakra (zevende zielenhuis) boven op je hoofd. Van daaruit gaat hij via de neusholte terug naar het gehemelte, en dan via het vijfde, vierde, derde en tweede chakra (zielenhuis) terug naar het wortelchakra (eerste zielenhuis). Zie figuur 14 op pagina 90.

c. Herhaal stap 3a en 3b totaal vier keer.

Je kunt hardop of in stilte chanten. Het is het beste om bij elke sessie zowel yang als yin te chanten.

Tao Kalligrafiekracht. Volg *Da Ai*, grootste liefde, Je kunt ook *Da Ai* op de achterflap van dit boek volgen. (Zie 'Hoe kun je andere Tao Kalligrafieën vinden voor het toepassen van Tao Kalligrafiekracht' op pagina 61.)

Tijdens het volgen wordt dit volgen je Lichaamskracht. Als je wilt kun je het volgen combineren met Geestkracht, Klankkracht en/of Ademkracht, of je kunt je gewoon concentreren op het volgen zelf.

Afronden. Beëindig je oefensessie met de woorden:

Hao. Hao. Hao.
Dank je. Dank je. Dank je.

ಬಿ ಬಿ ಬ

We hebben zes belangrijke Tao krachttechnieken toegepast voor healing en transformatie van het spirituele lichaam door middel van Da Ai, grootste liefde. Da Ai is de eerste van de Tien Da. Om het spirituele lichaam te transformeren kun je elk van de negen andere Da kwaliteiten op dezelfde wijze toepassen.

Oefen. Oefen. Oefen.

Ervaar de transformatie.

Zeven chakra's (zielenhuizen) en Wai Jiao

DE LEER VAN CHAKRA'S is vastgelegd in de vroege tradities van het hindoeïsme. Het zijn spirituele energiecentra die de focus vormen van vele oude meditaties en oefeningen. Er zijn zeven hoofdchakra's.

In 2008 ontving ik het divine onderricht dat de zeven chakra's in de mens ook de zeven huizen van de ziel zijn. Ze bevinden zich in de kern en het centrale kanaal van het lichaam. Zie figuur 14 op pagina 90.

Elk zielenhuis is vuistgroot. Van laag naar hoog zijn het de volgende:

- eerste — op de bekkenbodem, net boven het perineum, dat is het gebied tussen de anus en het scrotum of de vulva, en het Hui Yin-acupunctuurpunt[16] (het wortelchakra)
- tweede — in de onderbuik, tussen het eerste en derde zielenhuis (het sacraal chakra)
- derde — ter hoogte van de navel (het navelchakra)
- vierde — het Boodschapscentrum (het hartchakra) in het midden van de borst
- vijfde — in de keel (het keelchakra)
- zesde — in de hersenen (het derdeoogchakra)

---

[16] Het Hui Yin-acupunctuurpunt ligt op het perineum, halverwege tussen de anus en het scrotum of de vulva. Zie figuur 14 op pagina 90.

- zevende—boven op het hoofd op het Bai Hui-acupunctuurpunt[17] (het kruinchakra)

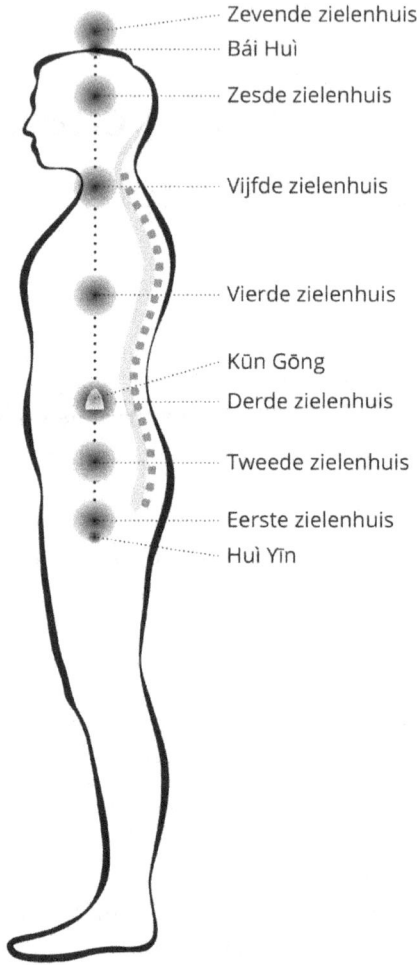

Figuur 14. De zeven chakra's (zielenhuizen) van de mens

---

[17] Het Bai Hui-acupunctuurpunt bevindt zich op de kruin van het hoofd, halverwege tussen de oren en halverwege tussen de voor- en achterkant. Zie figuur 14.

Kracht en betekenis van de zeven chakra's (zielenhuizen) en Wai Jiao

Het eerste zielenhuis is de oorsprong, de basis en de wortel. Het is de bron van energie en licht. Fysiek gezien is dit ook het gebied waar leven en energie wordt opgewekt. Het is de motor die de drijvende kracht produceert om energie te generen en voort te stuwen door de andere zes zielenhuizen en het hele lichaam.

Het eerste zielenhuis is precies dat; het is het eerste huis waar een ziel zich op zijn reis bevindt. Hier begint de zielenreis. Een menselijke ziel heeft al een reis van heel veel levens doorgemaakt. Als je ziel zich in het eerste zielenhuis bevindt, is zij nog in het beginstadium van haar reis. Het eerste zielenhuis is erg belangrijk, maar op je zielenreis is het de bedoeling dat je ziel verder naar de hogere zielenhuizen gaat.

Het tweede zielenhuis bevindt zich in de onderbuik op dezelfde hoogte als de Onderste Dan Tian,[18] tussen het eerste zielenhuis en de navel. Zie figuur 15. Het tweede zielenhuis is belangrijk voor de zielenreis; als je ziel deze positie heeft bereikt, heeft ze grote deugd verworven, namelijk de beloning van de Hemel voor de positieve informatie of boodschappen die je hebt gecreëerd. Deze deugd zal je ziel voeden en verheffen en is vastgelegd in jouw boek in de Akasha Kronieken.[19] Je ziel heeft aanzienlijke vooruitgang geboekt, maar ze heeft nog een hele lange reis te gaan.

Het tweede zielenhuis is verbonden met welzijn en balans van de basisenergie in de Onderste Dan Tian. Het is verbonden met het welzijn en evenwicht van de hele schepping. Dit geldt voor zowel het grote universum (de natuur), als het kleine universum (de mens).

---

[18] De Onderste Dan Tian bevindt zich in de onderbuik en is een basis energiecentrum ter grootte van een vuist. (Zie figuur 15 op pagina 92.) Het is een opslagplaats voor energie. Een krachtige Onderste Dan Tian is de sleutel tot energie, uithoudingsvermogen, vitaliteit, immuniteit, verjonging en een lang leven.

[19] De Akasha Kronieken vormen de plek in de Hemel waar van alle levens alle handelingen, gedragingen, woorden en gedachten—positief en negatief—worden vastgelegd. Elke ziel heeft een boek in de Akasha Kronieken.

Zoals ik al aangaf in *The Power of Soul*,[20] het standaardwerk van mijn Soul Power Series, is de onderbuik ook een verborgen centrum van zielenintelligentie, wijsheid en kennis.

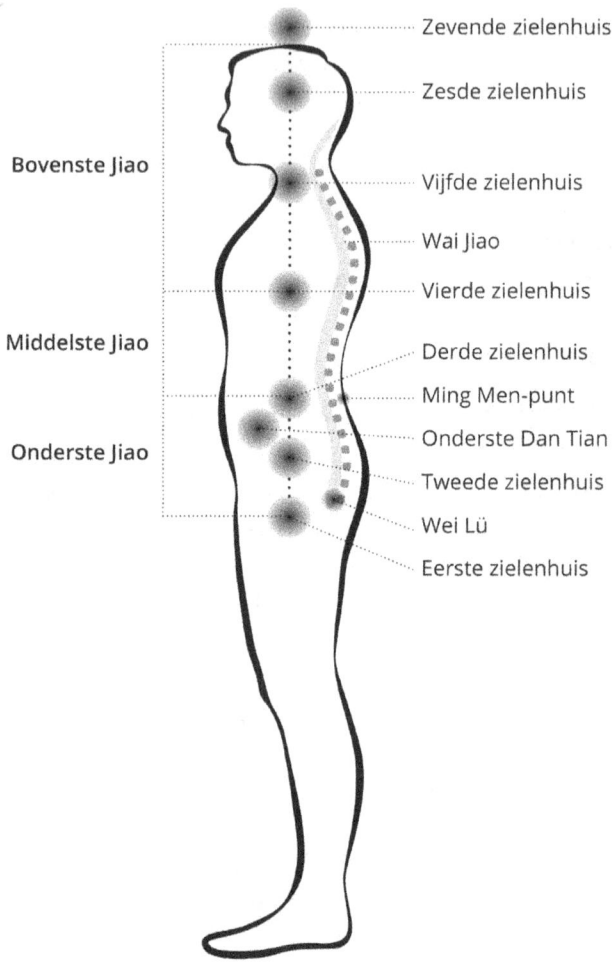

Figuur 15. Zeven zielenhuizen, San Jiao, Wai Jiao, Ming Men-punt, Onderste Dan Tian en Wei Lü

---

[20] Dr. en Master Zhi Gang Sha, *The Power of Soul: The Way to Heal, Rejuvenate, and Enlighten All Life*, New York/Toronto: Atria Books/Heaven's Library Publication Corp., 2009.

Dit is het gebied waar boodschap, energie en materie actief circuleren en elk aspect van iemands wezen beïnvloeden. Het tweede zielenhuis is met al deze aspecten van de hele schepping verbonden, inclusief de zielenwereld, Divine en Tao Bron.

Het derde zielenhuis is belangrijk, omdat dit het laatste huis is waar een ziel op haar reis naar verlichting doorheen gaat. Als dit niveau bereikt wordt, heeft je ziel echt vooruitgang geboekt. Zielen zijn erg blij als ze hier zijn aangekomen. Ze staan te popelen om verder te gaan, omdat ze weten dat de volgende stap verlichting betekent.

Het vierde zielenhuis is heel bijzonder. Je ziel heeft het niveau van verlichting bereikt als ze zich in het Boodschapscentrum of het hartchakra achter het onderste gedeelte van het borstbeen bevindt. Haar zielenstand is aanzienlijk veranderd. Voor het bereiken van zielenverlichting zijn meestal honderden of duizenden levens nodig.

Verlicht zijn verandert de dimensie van de dienstbaarheid die je kunt bieden. Je vermogen om te dienen wordt hoger en krachtiger. Tegelijkertijd wordt je boek in de Akasha Kronieken overgebracht naar een speciale ruimte voor verlichte personen. Je vermogen om te communiceren met de zielenwereld neemt aanzienlijk toe. Het onderricht, de wijsheid en de oefeningen die je van de Divine en de hele zielenwereld ontvangt, zullen van een heel ander niveau zijn. Het is een belangrijke mijlpaal op de zielenreis, maar slechts het begin van de verlichtingsreis.

Het vierde zielenhuis is het centrum voor healing, liefde, vergeving, compassie, zielencommunicatie, transformatie, verlichting en meer. Al deze kenmerken hebben ook invloed op je fysieke reis. Als je ziel zich in het vierde zielenhuis bevindt, kunnen veel blokkades opgeheven worden. Je welzijn, inclusief je fysieke, emotionele en psychische gezondheid, zou op krachtige wijze kunnen verbeteren.

Het vijfde zielenhuis zit in de keel. De zielen van slechts zeer weinig mensen bereiken dit niveau op eigen kracht. Dit zielenhuis is een brug tussen het hart en de geest. Het helpt wel om de wijsheid van het hart en de geest te integreren. Wanneer dit gebeurt, is de dienstbaarheid die je kunt bieden weer aanzienlijk toegenomen. Je vermogen om inzicht te hebben je eigen zielenreis en die van anderen zal veel groter zijn.

Op lichamelijk vlak brengen de zegeningen niet alleen een grotere healing voor alle aspecten van het leven, maar ook een aanzienlijke verjonging en verlenging van het leven. Voor veel mensen is dit zielenhuis verbonden met zielenherinneringen. Het helen van deze herinneringen kan op een zeer diep niveau plaatsvinden. Als dit gebeurt zal de omkering van fysieke uitdagingen vaak in versneld tempo plaatsvinden.

Het zesde zielenhuis zit in de hersenen. Als de ziel dit niveau bereikt, wordt het bewustzijn getransformeerd. De verbinding met en afstemming op het goddelijke bewustzijn is veel sterker. Het vermogen om te communiceren met de zielenwereld neemt verder toe. Fysiek gezien zal een ziel die zich in de hersenen bevindt alle aspecten van het leven op een speciale manier helen en verjongen. De hersenen bepalen, sturen of beïnvloeden alle functies van het lichaam. Wanneer de ziel zich in de hersenen bevindt, heeft de invloed van de hersenen een niveau van divine aanwezigheid en licht bereikt.

Het zevende zielenhuis ligt net boven het hoofd in het kruinchakra. Dit is de hoogste positie in zielenstand. Fysiek gezien heeft een ziel die zich in het zevende zielenhuis bevindt een positie bereikt waar zij ook echt leidend kan zijn. Zij is in staat om alle aspecten van je leven op een krachtige manier te sturen, inclusief de fysieke, psychische, emotionele, relationele en financiële aspecten. De mogelijkheid van je ziel om dit zielenhuis te bereiken is een grote eer en een voorrecht. Slechts weinigen hebben dit op eigen kracht bereikt.

Wai Jiao 外焦 is de ruimte in het lichaam aan de voorkant van de wervelkolom plus de schedelholte. Zie figuur 15. Het is de grootste ruimte in het lichaam. Omdat alle energieën, meridianen en kanalen van het lichaam door de Wai Jiao moeten, kan negatieve shen qi jing in de Wai Jiao invloed hebben op elk orgaan, elk deel van het lichaam en elke andere ruimte. Daarom is de Wai Jiao de sleutel tot alle healing en transformatie.

Kracht en betekenis van healing en transformatie van de zeven chakra's (zielenhuizen) en Wai Jiao

Alle zeven zielenhuizen zijn verbonden met aspecten van de schepping, met het evenwicht tussen yin en yang, en met de ontwikkeling van de Divine en Tao Bron. Als je oefent met de zeven chakra's (zielenhuizen), verbind je je met de zielenreizen van de Divine en alle universa. Je verbindt je met de hele mensheid en Moeder Aarde. Naarmate je ziel zich verplaatst naar steeds hogere zielenhuizen, wordt deze verbinding tussen jou, de mensheid, Moeder Aarde en de Divine in je dagelijks leven steeds concreter, praktischer en realistischer. Woorden schieten tekort om volledig uitdrukking te geven aan de voordelen die je ervaart. Jouw beoefening heeft een positief effect op de mensheid, Moeder Aarde en alle universa.

Als je de oefeningen van hoofdstuk 9 en 10 doet, worden door chanten, zingen en volgen de belangrijkste ruimtes en voornaamste energie-, materie- en zielencirkels en -kanalen van het lichaam gestimuleerd. Alle energie, materie en zielen van al je systemen, organen, cellen en meridianen komen samen om zich bij deze belangrijkste cirkels en kanalen te voegen. Als deze energiecirkel stroomt, zullen alle energiecirkels volgen. Als deze materiecirkel stroomt, zullen alle materiecirkels volgen. Als dit zielenkanaal stroomt, zullen alle zielenkanalen volgen. Dit zijn de Shen Qi Jing-kanalen waarover ik in hoofdstuk 10 verder uitleg zal geven.

Laten we verdergaan met het toepassen van de zes belangrijke Tao Krachttechnieken voor healing en transformatie van de zeven chakra's (zielenhuizen) en de Wai Jiao. Bestudeer de video's die voor jou gemaakt zijn met mijn chanten voor alle belangrijke oefeningen in dit boek. Je kunt zelfs oefenen samen met de video's.

Oefen goed.

Ervaar de healing en de transformatie.

Zes belangrijke Tao krachttechnieken toepassen voor healing van de zeven chakra's (zielenhuizen) en Wai Jiao

DE ZEVEN CHAKRA'S OF Zielenhuizen zijn de belangrijkste ruimtes in het lichaam. Een menselijk lichaam kan opgedeeld worden in twee delen. Het ene deel zijn de organen. Het andere deel zijn de ruimtes.

Denk aan de lucht in Moeder Aarde. In sommige landen of delen van de wereld is de lucht erg schoon. In andere delen van de wereld is de lucht verontreinigd. Luchtverontreiniging veroorzaakt longaandoeningen en vele andere ziekten. Schone lucht is onbetaalbaar.

Het reinigen van de zeven chakra's of zielenhuizen en Wai Jiao is vergelijkbaar met het zuiveren van de lucht in de ruimten. Het reinigen van de ruimte is een speciale manier om de systemen, organen en cellen te helen. Deze wijsheid is voor ieder mens van onschatbare waarde.

We gaan de zes Tao krachttechnieken toepassen voor healing en transformatie van de zeven chakra's (zielenhuizen) en de Wai Jiao. In de oefeningen voor de eerste drie zielenhuizen gebruiken we daarvoor een speciale handpositie voor Lichaamskracht, de yin-yang-handpositie.

Yin-Yang-Handpositie

Pak met de vingers van je rechterhand je linkerduim en sluit je rechterhand tot een vuist. Vouw alle vier de vingers van je linkerhand over de rechterhand. Pak je linkerduim vast met ongeveer 75–80% van je maximale kracht. Deze handpositie heet de yin-yang-handpositie. Zie figuur 16.

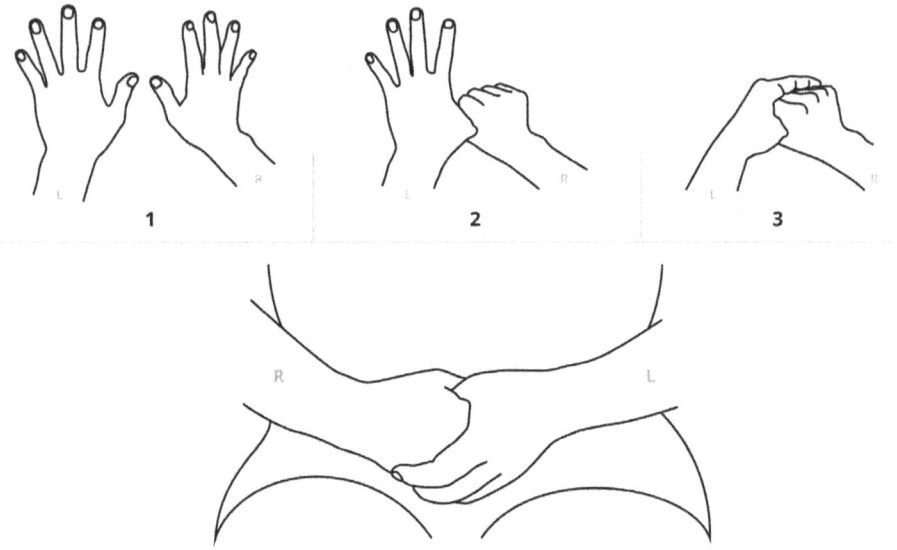

Figuur 16. Yin-Yang-Handpositie

Eerste chakra of zielenhuis

Lichaamskracht. Leg je handen in de yin-yang-handpositie over het eerste zielenhuis aan de onderkant van je romp.

Zielenkracht. Zeg *hallo* tegen de innerlijke zielen:

> *Lieve ziel, hart, geest, lichaam van mijn eerste chakra en zielenhuis,*
> *Ik hou van jullie, eer jullie en waardeer jullie.*
> *Jullie hebben de kracht om jezelf te helen en verjongen.*
> *Doe je best.*
> *Dank je.*

Zeg *hallo* tegen de zielen buiten jou:

> *Lieve Tao Bron en Divine,*
> *Lieve boeddha's, heiligen* (noem de heiligen waar je in gelooft)*,*
> *Lieve Hemel, Moeder Aarde en de talloze planeten, sterren,*
>   *melkwegstelsels en universa,*
> *Ik hou van jullie, eer jullie en waardeer jullie.*
> *Vergeef alsjeblieft mijn voorouders en mij de fouten die wij in al onze*
>   *levens hebben gemaakt met betrekking tot het eerste zielenhuis.*
> *Ik bied voor al deze fouten mijn oprechte excuses aan.*
> *Aan alle zielen die mijn voorouders en ik op deze wijze gekwetst of*
>   *geschaad hebben, bied ik uit het diepst van mijn hart mijn excuses aan.*
> *Om vergeven te worden, zal ik onvoorwaardelijk dienstbaar zijn.*
> *Chanten en mediteren is dienen.*
> *Ik zal zoveel mogelijk chanten en mediteren.*
> *Ik zal zo vaak mogelijk onvoorwaardelijk dienstbaar zijn.*
> *Ik vergeef iedereen onvoorwaardelijk die mij of mijn voorouders in onze*
>   *levens gekwetst of geschaad heeft.*
> *Ik ben jullie zeer dankbaar.*
> *Dank je.*

Geestkracht. Visualiseer gouden licht dat in en rond het eerste zielenhuis schijnt.

Ademkracht. Adem in en laat je buik naar voren komen. Adem uit en trek je buik in. Zorg dat je in- en uitademing soepel, gelijkmatig en natuurlijk verloopt. Onthoud dat de duur van elke in- en uitademing afhangt van je persoonlijke gesteldheid. Volg de weg van de natuur.

Klankkracht. Bij het chanten combineren we Klankkracht met Ademkracht en een meer verfijnde visualisatie van Geestkracht. Bekijk de video met mijn chanten die gemaakt is voor jou voor deze oefening en alle belangrijke oefeningen in dit boek.

Stap 1

a. Adem in. Visualiseer gouden licht dat vanaf je neus naar beneden gaat door het centrum van je lichaam en als een bol samenbalt in je eerste zielenhuis.

b. Adem uit. Chant 'Hei' (klinkt als *heey*), de klank voor het eerste zielenhuis. Visualiseer tegelijkertijd de gouden lichtbal die ronddraait en vanuit het eerste zielenhuis in alle richtingen explodeert.

c. Herhaal stap 1a en 1b totaal zeven keer.

Stap 2

a. Adem in. Visualiseer gouden licht dat vanaf je neus naar beneden gaat door het centrum van je lichaam en als een bol samenbalt in je eerste zielenhuis.

b. Adem uit. Chant 'Hei Hei Hei.' Visualiseer de gouden lichtbal die ronddraait en vanuit het eerste zielenhuis in alle richtingen explodeert.

c. Herhaal stap 2a en 2b totaal vier keer.

Stap 3

a. Adem in. Dezelfde visualisaties als in stap 1a en 2a.

b. Adem uit. Chant:

Hei Ya (klinkt als *heey yaah*)
Hei Ya Hei Ya You (klinkt als *heey yaah heey yaah yōo*)
Hei Ya Hei Ya You
Hei Ya Hei Ya Hei Ya You
Hei Ya Hei Ya Hei Ya Hei Ya You

Wanneer je deze vijf regels chant, adem dan na elke regel snel in en visualiseer de gouden lichtbal die al ronddraaiend de volgende baan maakt:

Bij het chanten van de eerste regel draait de gouden lichtbal vanuit het eerste zielenhuis omhoog naar de Kun Gong (in het lichaam achter de navel) en gaat vervolgens terug naar het eerste zielenhuis.

Bij het chanten van regel 2 tot en met 5 draait de gouden lichtbal bij het eerste zielenhuis omhoog naar de Kun Gong (in het lichaam achter de navel), en gaat dan terug naar het eerste zielenhuis. Visualiseer bij het chanten van 'You' in deze regels de gouden lichtbal die een cirkel beschrijft. Hij gaat via een onzichtbare doorgang aan de voorkant van het stuitje het ruggenmerg in, stroomt via het ruggenmerg naar het achterhoofd, en gaat dan in en door de hersenen omhoog naar het zevende zielenhuis. Van daaruit gaat hij via de neusholte terug naar het gehemelte, en dan via het vijfde, vierde, derde en tweede zielenhuis terug naar het eerste zielenhuis.

c. Herhaal stap 3a en 3b totaal vier keer.

Je kunt hardop of in stilte chanten. Het is het beste om elke keer als je oefent zowel yang als yin te chanten.

Tao Kalligrafiekracht. Volg *Da Ai*, grootste liefde, of *Da Kuan Shu*, grootste vergeving. (Zie 'Hoe kun je andere Tao Kalligrafieën vinden voor het toepassen van Tao Kalligrafiekracht' op pagina 61.)

Tijdens het volgen wordt dit volgen je Lichaamskracht. Als je wilt kun je het volgen combineren met Geestkracht, Klankkracht en/of Ademkracht, of je kunt je gewoon concentreren op het volgen zelf.

Afronden. Beëindig je oefensessie met de woorden:

Hao. Hao. Hao.
Dank je. Dank je. Dank je.

Tweede chakra of zielenhuis

Lichaamskracht. Leg je handen in de yin-yang-handpositie over het tweede zielenhuis, op de onderbuik onder de navel.

Zielenkracht. Zeg *hallo* tegen de innerlijke zielen:

Lieve ziel, hart, geest, lichaam van mijn tweede chakra en zielenhuis,
Jullie hebben de kracht om jezelf te helen en verjongen.
Doe je best.
Dank je.

Zeg *hallo* tegen de zielen buiten jou:

> *Lieve Tao Bron en Divine,*
> *Lieve boeddha's, heiligen* (noem de heiligen waar je in gelooft),
> *Lieve Hemel, Moeder Aarde en de talloze planeten, sterren,*
>   *melkwegstelsels en universa,*
> *Ik hou van jullie, eer jullie en waardeer jullie.*
> *Vergeef alsjeblieft mijn voorouders en mij de fouten die wij in al onze*
>   *levens hebben gemaakt met betrekking tot het tweede zielenhuis.*
> *Ik bied voor al deze fouten mijn oprechte excuses aan.*
> *Aan alle zielen die mijn voorouders en ik op deze wijze gekwetst of*
>   *geschaad hebben, bied ik uit het diepst van mijn hart mijn excuses aan.*
> *Om vergeven te worden, zal ik onvoorwaardelijk dienstbaar zijn.*
> *Chanten en mediteren is dienen.*
> *Ik zal zoveel mogelijk chanten en mediteren.*
> *Ik zal zo vaak mogelijk onvoorwaardelijk dienstbaar zijn.*
> *Ik vergeef iedereen onvoorwaardelijk die mij of mijn voorouders in onze*
>   *levens gekwetst of geschaad heeft.*
> *Dank je.*

Geestkracht. Visualiseer gouden licht dat in en rond het tweede zielenhuis schijnt.

Ademkracht. Adem in en laat je buik naar voren komen. Adem uit en trek je buik in. Zorg dat je in- en uitademing soepel, gelijkmatig en natuurlijk verloopt. Onthoud dat de duur van elke in- en uitademing afhangt van je persoonlijke gesteldheid. Volg de weg van de natuur.

Klankkracht. Bij het chanten combineren we Klankkracht met Ademkracht en een meer verfijnde visualisatie van Geestkracht.

Stap 1
a. Adem in. Visualiseer een gouden licht dat vanaf je neus naar beneden gaat door het centrum van je lichaam en als een bol samenbalt in je eerste zielenhuis.

Healen van de zeven chakra's (zielenhuizen) en Wai Jiao

b. Adem uit. Chant 'Heng' (klinkt als *hung*), de klank voor het tweede zielenhuis. Tegelijkertijd draait de gouden lichtbal bij het eerste zielenhuis weg, omhoog naar het tweede zielenhuis, waar hij ronddraait en in alle richtingen explodeert.

c. Herhaal stap 1a en 1b totaal zeven keer.

Stap 2

a. Adem in. Visualiseer gouden licht dat vanaf je neus naar beneden gaat door het centrum van je lichaam en als een bol samenbalt in je eerste zielenhuis.

b. Adem uit. Chant 'Heng Heng Heng.' De gouden lichtbal draait vanuit het eerste zielenhuis omhoog naar het tweede zielenhuis, waar hij ronddraait en in alle richtingen explodeert.

c. Herhaal stap 2a en 2b totaal vier keer.

Stap 3

a. Adem in. De gouden lichtbal wordt gevormd in je eerste zielenhuis.

b. Adem uit. Chant:

Heng Ya (klinkt als *hung yaah*)
Heng Ya Heng Ya You (klinkt als *hung yaah hung yaah yōo*)
Heng Ya Heng Ya You
Heng Ya Heng Ya Heng Ya You
Heng Ya Heng Ya Heng Ya Heng Ya You

Wanneer je deze vijf regels chant, adem dan na elke regel snel in en visualiseer de gouden lichtbal die al draaiend de volgende baan maakt:

Bij het chanten van de eerste regel draait de gouden lichtbal vanuit het eerste zielenhuis via het tweede zielenhuis omhoog naar de Kun Gong, en dan weer terug naar het eerste zielenhuis.

Bij het chanten van de regel 2 tot en met 5 draait de gouden lichtbal vanuit het eerste zielenhuis via het tweede zielenhuis omhoog naar de Kun Gong, en gaat dan terug naar het eerste zielenhuis. Visualiseer bij het chanten van 'You' in deze regels de gouden lichtbal die een cirkel beschrijft. Hij gaat via een onzichtbare doorgang aan de voorkant van het stuitje het ruggenmerg in, stroomt via het ruggenmerg naar het achterhoofd, en gaat dan in en door de hersenen heen omhoog naar het zevende zielenhuis. Van daaruit gaat hij via de neusholte terug naar het gehemelte, en dan via het vijfde, vierde, derde en tweede zielenhuis terug naar het eerste zielenhuis.

c. Herhaal stap 3a en 3b totaal vier keer.

Je kunt hardop of in stilte chanten. Het is het beste om elke keer als je oefent zowel yang als yin te chanten.

Tao Kalligrafiekracht. Volg *Da Ai*, grootste liefde, of *Da Kuan Shu*, grootste vergeving. (Zie 'Hoe kun je andere Tao Kalligrafieën vinden voor het toepassen van Tao Kalligrafiekracht' op pagina 61.)

Tijdens het volgen wordt dit volgen je Lichaamskracht. Als je wilt kun je het volgen combineren met Geestkracht, Klankkracht en/of Ademkracht, of je kunt je gewoon concentreren op het volgen zelf.

Afronden. Beëindig je oefensessie met de woorden:

Hao. Hao. Hao.
Dank je. Dank je. Dank je.

Derde chakra of zielenhuis

Lichaamskracht. Leg je handen in de yin-yang-handpositie op je navel, tevens het derde zielenhuis.

Zielenkracht. Zeg *hallo* tegen de innerlijke zielen:

Lieve ziel, hart, geest, lichaam van mijn derde chakra en zielenhuis,
Ik hou van jullie, eer jullie en waardeer jullie.
Jullie hebben de kracht om jezelf te helen en verjongen.
Doe je best.
Dank je.

Zeg *hallo* tegen de zielen buiten jou:

Lieve Tao Bron en Divine,
Lieve boeddha's, heiligen (noem de heiligen waar je in gelooft),
Lieve Hemel, Moeder Aarde en de talloze planeten, sterren,
  melkwegstelsels en universa,
Ik hou van jullie, eer jullie en waardeer jullie.
Vergeef alsjeblieft mijn voorouders en mij alle fouten die wij in al onze
  levens gemaakt hebben met betrekking tot het derde zielenhuis.
Ik bied voor al deze fouten mijn oprechte excuses aan.
Aan alle zielen die mijn voorouders en ik op deze wijze gekwetst of
  geschaad hebben, bied ik uit het diepst van mijn hart mijn excuses aan.
Om vergeven te worden, zal ik onvoorwaardelijk dienstbaar zijn.
Chanten en mediteren is dienen.
Ik zal zoveel mogelijk chanten en mediteren.
Ik zal zo vaak mogelijk onvoorwaardelijk dienstbaar zijn.
Ik vergeef iedereen onvoorwaardelijk die mij of mijn voorouders in onze
  levens gekwetst of geschaad heeft.
Ik ben jullie zeer dankbaar.
Dank je.

Geestkracht. Visualiseer gouden licht dat in en rond het derde zielenhuis schijnt.

Ademkracht. Adem in en laat je buik naar voren komen. Adem uit en trek je buik in. Zorg dat je in- en uitademing soepel, gelijkmatig en natuurlijk verloopt. Onthoud dat de duur van elke in- en uitademing afhangt van je persoonlijke gesteldheid. Volg de weg van de natuur.

Klankkracht. Bij het chanten combineren we Klankkracht met Ademkracht en een meer verfijnde visualisatie van Geestkracht.

Stap 1
a. Adem in. Visualiseer een gouden licht dat vanaf je neus naar beneden gaat door het centrum van je lichaam en als een bol samenbalt in je eerste zielenhuis.

b. Adem uit. Chant 'Hong' (klinkt als *hōng*), de klank voor het derde zielenhuis. Tegelijkertijd draait de gouden lichtbal vanuit het eerste zielenhuis omhoog naar het derde zielenhuis, waar hij in alle richtingen explodeert.

c. Herhaal stap 1a en 1b totaal zeven keer.

Stap 2

a. Adem in. Visualiseer gouden licht dat vanaf je neus naar beneden gaat door het centrum van je lichaam en als een bol samenbalt in je eerste zielenhuis.

b. Adem uit. Chant 'Hong Hong Hong.' De gouden lichtbal draait vanuit het eerste zielenhuis omhoog naar het derde zielenhuis, waar hij ronddraait en in alle richtingen explodeert.

c. Herhaal stap 2a en 2b totaal vier keer.

Stap 3

a. Adem in. De gouden lichtbal wordt gevormd in je eerste zielenhuis.

b. Adem uit. Chant:

Hong Ya (klinkt als *hōng yaah*)
Hong Ya Hong Ya You (klinkt als *hōng yaah hōng yaah yōo*)
Hong Ya Hong Ya You
Hong Ya Hong Ya Hong Ya You
Hong Ya Hong Ya Hong Ya Hong Ya You

Wanneer je deze vijf regels chant, adem dan na elke regel snel in en visualiseer de gouden lichtbal die al draaiend de volgende baan maakt:

Bij het chanten van de eerste regel draait de gouden lichtbal vanuit het eerste zielenhuis via het tweede zielenhuis omhoog naar het derde zielenhuis, en dan weer terug naar het eerste zielenhuis.

Bij het chanten van de regel 2 tot en met 5 draait de gouden lichtbal vanuit het eerste zielenhuis via het tweede zielenhuis omhoog naar het derde zielenhuis, waarna hij terugkeert naar het eerste zielenhuis.

Visualiseer bij het chanten van 'You' in deze regels de gouden lichtbal die een cirkel beschrijft. Hij gaat via een onzichtbare doorgang aan de voorkant van het stuitje het ruggenmerg in, stroomt via het ruggenmerg naar het achterhoofd, en gaat dan in en door de hersenen heen omhoog naar het zevende zielenhuis. Van daaruit gaat hij via de neusholte terug naar het gehemelte, en dan via het vijfde, vierde, derde en tweede zielenhuis terug naar het eerste zielenhuis.

c. Herhaal stap 3a en 3b totaal vier keer.

Je kunt hardop of in stilte chanten. Het is het beste om elke keer als je oefent zowel yang als yin te chanten.

Tao Kalligrafiekracht. Volg *Da Ai*, grootste liefde, of *Da Kuan Shu*, grootste vergeving. (Zie 'Hoe kun je andere Tao Kalligrafieën vinden voor het toepassen van Tao Kalligrafiekracht' op pagina 61.)

Tijdens het volgen wordt dit volgen je Lichaamskracht. Als je wilt kun je het volgen combineren met Geestkracht, Klankkracht en/of Ademkracht, of je kunt je gewoon concentreren op het volgen zelf.

Afronden. Beëindig je oefensessie met de woorden:

Hao. Hao. Hao.
Dank je. Dank je. Dank je.

Vierde chakra of zielenhuis

Lichaamskracht. Leg één hand onder de navel. Leg de andere hand over je Boodschapscentrum.

Zielenkracht. Zeg *hallo* tegen de innerlijke zielen:

Lieve ziel, hart, geest, lichaam van mijn vierde zielenhuis,
Ik hou van jullie, eer jullie en waardeer jullie.
Jullie hebben de kracht om jezelf te helen en verjongen.
Doe je best.
Dank je.

Zeg *hallo* tegen de zielen buiten jou:

Lieve Tao Bron en Divine,
Lieve boeddha's, heiligen (noem de heiligen waar je in gelooft),
Lieve Hemel, Moeder Aarde en de talloze planeten, sterren,
melkwegstelsels en universa,
Ik hou van jullie, eer jullie en waardeer jullie.
Vergeef alsjeblieft mijn voorouders en mij alle fouten die wij in al onze
levens gemaakt hebben met betrekking tot het vierde zielenhuis.
Ik bied voor al deze fouten mijn oprechte excuses aan.
Aan alle zielen die mijn voorouders en ik op deze wijze gekwetst of
geschaad hebben, bied ik uit het diepst van mijn hart mijn excuses aan.
Om vergeven te worden, zal ik onvoorwaardelijk dienstbaar zijn.
Chanten en mediteren is dienen.
Ik zal zoveel mogelijk chanten en mediteren.
Ik zal zo vaak mogelijk onvoorwaardelijk dienstbaar zijn.
Ik vergeef iedereen onvoorwaardelijk die mij of mijn voorouders in onze
levens gekwetst of geschaad heeft.
Ik ben jullie zeer dankbaar.
Dank je.

Geestkracht. Visualiseer gouden licht dat in en rond het vierde zielenhuis schijnt.

Ademkracht. Adem in en laat je buik naar voren komen. Adem uit en trek je buik in. Zorg dat je in- en uitademing soepel, gelijkmatig en natuurlijk verloopt. Onthoud dat de duur van elke in- en uitademing afhangt van je persoonlijke gesteldheid. Volg de weg van de natuur.

Klankkracht. Bij het chanten combineren we Klankkracht met Ademkracht en een meer verfijnde visualisatie van Geestkracht.

Stap 1
a. Adem in. Visualiseer gouden licht dat vanaf je neus naar beneden gaat door het centrum van je lichaam en als een bol samenbalt in je eerste zielenhuis.

b. Adem uit. Chant 'Ah,' de klank voor het vierde zielenhuis. Tegelijkertijd draait de gouden lichtbal vanuit het eerste zielenhuis omhoog naar het vierde zielenhuis, waar hij ronddraait en in alle richtingen explodeert.

c. Herhaal stap 1a en 1b totaal zeven keer.

Stap 2

a. Adem in. Visualiseer gouden licht dat vanaf je neus naar beneden gaat door het centrum van je lichaam en als een bol samenbalt in je eerste zielenhuis.

b. Adem uit. Chant 'Ah Ah Ah.' De gouden lichtbal draait vanuit het eerste zielenhuis omhoog via het tweede en derde zielenhuis naar het vierde zielenhuis, waar hij ronddraait en in alle richtingen explodeert.

c. Herhaal stap 2a en 2b in totaal vier keer.

Stap 3

a. Adem in. De gouden lichtbal wordt gevormd in je eerste zielenhuis.

b. Adem uit. Chant:

Ah Ya (klinkt als *aah yaah*)
Ah Ya Ah Ya You (klinkt als *aah yaah aah yaah yōo*)
Ah Ya Ah Ya You
Ah Ya Ah Ya Ah Ya You
Ah Ya Ah Ya Ah Ya Ah Ya You

Wanneer je deze vijf regels chant, adem dan na elke regel snel in en visualiseer de gouden lichtbal die al draaiend de volgende baan maakt:

Bij het chanten van de eerste regel draait de gouden lichtbal vanuit het eerste zielenhuis omhoog naar het vierde zielenhuis en gaat dan via de Kun Gong terug naar het eerste zielenhuis.

Bij het chanten van regel 2 tot en met 5 draait de gouden lichtbal vanuit het eerste zielenhuis omhoog naar het vierde zielenhuis, en gaat vervolgens via de Kun Gong terug naar het eerste zielenhuis. Visualiseer bij het chanten van 'You' in deze regels de gouden lichtbal die een cirkel beschrijft. Hij gaat via een onzichtbare doorgang aan de voorkant van het stuitje het ruggenmerg in, stroomt via het ruggenmerg naar het achterhoofd, en gaat dan in en door de hersenen omhoog naar het zevende zielenhuis. Van daaruit gaat hij via de neusholte terug naar het gehemelte, en dan via het vijfde, vierde, derde en tweede zielenhuis terug naar het eerste zielenhuis.

c. Herhaal stap 3a en 3b totaal vier keer.

Je kunt hardop of in stilte chanten. Het is het beste om elke keer als je oefent zowel yang als yin te chanten.

Tao Kalligrafiekracht. Volg *Da Ai*, grootste liefde, of *Da Kuan Shu*, grootste vergeving. (Zie 'Hoe kun je andere Tao Kalligrafieën vinden voor het toepassen van Tao Kalligrafiekracht' op pagina 61.)

Tijdens het volgen wordt dit volgen je Lichaamskracht. Als je wilt kun je het volgen combineren met Geestkracht, Klankkracht en/of Ademkracht, of je kunt je gewoon concentreren op het volgen zelf.

Afronden. Beëindig je oefensessie met de woorden:

Hao. Hao. Hao.
Dank je. Dank je. Dank je.

Vijfde chakra of zielenhuis

Lichaamskracht. Leg één hand onder de navel. Leg de andere hand op je keel, over het vijfde zielenhuis.

Zielenkracht. Zeg *hallo* tegen de innerlijke zielen:

Lieve ziel, hart, geest, lichaam van mijn vijfde zielenhuis,
Ik hou van jullie, eer jullie en waardeer jullie.
Jullie hebben de kracht om jezelf te helen en verjongen.
Doe je best.
Dank je.

Zeg *hallo* tegen de zielen buiten jou:

Lieve Tao Bron en Divine,
Lieve boeddha's, heiligen (noem de heiligen waar je in gelooft)*,*
Lieve Hemel, Moeder Aarde en de talloze planeten, sterren,
melkwegstelsels en universa,
Ik hou van jullie, eer jullie en waardeer jullie.
Vergeef alsjeblieft mijn voorouders en mij alle fouten die wij in al onze
levens gemaakt hebben met betrekking tot het vijfde zielenhuis.
Ik bied voor al deze fouten mijn oprechte excuses aan.
Aan alle zielen die mijn voorouders en ik op deze wijze gekwetst of
geschaad hebben, bied ik uit het diepst van mijn hart mijn excuses aan.
Om vergeven te worden, zal ik onvoorwaardelijk dienstbaar zijn.
Chanten en mediteren is dienen.
Ik zal zoveel mogelijk chanten en mediteren.
Ik zal zo vaak mogelijk onvoorwaardelijk dienstbaar zijn.
Ik vergeef iedereen onvoorwaardelijk die mij of mijn voorouders in onze
levens gekwetst of geschaad heeft.
Ik ben jullie zeer dankbaar.
Dank je.

Geestkracht. Visualiseer gouden licht dat in en rond het vijfde zielenhuis schijnt.

Ademkracht. Adem in en laat je buik naar voren komen. Adem uit en trek je buik in. Zorg dat je in- en uitademing soepel, gelijkmatig en natuurlijk verloopt. Onthoud dat de duur van elke in- en uitademing afhangt van je persoonlijke gesteldheid. Volg de weg van de natuur.

Klankkracht. Bij het chanten combineren we Klankkracht met Ademkracht en een meer verfijnde visualisatie van Geestkracht.

Stap 1
a. Adem in. Visualiseer gouden licht dat vanaf je neus naar beneden gaat door het centrum van je lichaam en als een bol samenbalt in je eerste zielenhuis.

b. Adem uit. Chant 'Xi' (klinkt als *shie*), de klank voor het vijfde zielenhuis. Tegelijkertijd draait de gouden lichtbal vanuit het eerste zielenhuis omhoog naar het vijfde zielenhuis, waar hij ronddraait en in alle richtingen explodeert.

c. Herhaal stap 1a en 1b totaal zeven keer.

Stap 2

a. Adem in. Visualiseer gouden licht dat vanaf je neus naar beneden gaat door het centrum van je lichaam en als een bol samenbalt in je eerste zielenhuis.

b. Adem uit. Chant 'Xi Xi Xi.' De gouden lichtbal draait vanuit het eerste zielenhuis door het tweede, derde en het vierde zielenhuis omhoog naar het vijfde zielenhuis, waar hij ronddraait en in alle richtingen explodeert.

c. Herhaal stap 2a en 2b totaal vier keer.

Stap 3

a. Adem in. De gouden lichtbal wordt gevormd in je eerste zielenhuis.

b. Adem uit. Chant:

Xi Ya (klinkt als *shie yaah*)
Xi Ya Xi Ya You (klinkt als *shie yaah shie yaah yoō*)
Xi Ya Xi Ya You
Xi Ya Xi Ya Xi Ya You
Xi Ya Xi Ya Xi Ya Xi Ya You

Wanneer je deze vijf regels chant, adem dan na elke regel snel in en visualiseer de gouden lichtbal die de volgende baan maakt:

Bij het chanten van de eerste regel draait de gouden lichtbal vanuit het eerste zielenhuis omhoog naar het vijfde zielenhuis en gaat dan via de Kun Gong terug naar het eerste zielenhuis.

Bij het chanten van regel 2 tot en met 5 draait de gouden lichtbal vanuit het eerste zielenhuis omhoog naar het vijfde zielenhuis, en gaat vervolgens via de Kun Gong terug naar het eerste zielenhuis. Visualiseer bij het chanten van 'You' in deze regels de gouden lichtbal die een cirkel beschrijft. Hij gaat via een onzichtbare doorgang aan de voorkant van het stuitje het ruggenmerg in, stroomt via het ruggenmerg naar het achterhoofd, en gaat dan in en door de hersenen omhoog naar het zevende zielenhuis. Van daaruit gaat hij via de neusholte terug naar het gehemelte, en dan via het vijfde, vierde, derde en tweede zielenhuis terug naar het eerste zielenhuis.

c. Herhaal stap 3a en 3b totaal vier keer.

Je kunt hardop of in stilte chanten. Het is het beste om elke keer als je chant zowel yang als yin te chanten.

Tao Kalligrafiekracht. Volg *Da Ai*, grootste liefde, of *Da Kuan Shu*, grootste vergeving. (Zie 'Hoe kun je andere Tao Kalligrafieën vinden voor het toepassen van Tao Kalligrafiekracht' op pagina 61.)

Tijdens het volgen wordt dit volgen je Lichaamskracht. Als je wilt kun je het volgen combineren met Geestkracht, Klankkracht en/of Ademkracht, of je kunt je gewoon concentreren op het volgen zelf.

Afronden. Beëindig je oefensessie met de woorden:

Hao. Hao. Hao.
Dank je. Dank je. Dank je.

Zesde chakra of zielenhuis

Lichaamskracht. Leg één hand onder de navel. Plaats de andere hand op je voorhoofd, op het zesde zielenhuis.

Zielenkracht. Zeg *hallo* tegen de innerlijke zielen:

Lieve ziel, hart, geest, lichaam van mijn zesde zielenhuis,
Ik hou van jullie, eer jullie en waardeer jullie.
Jullie hebben de kracht om jezelf te helen en verjongen.
Doe je best.
Dank je.

Zeg *hallo* tegen de zielen buiten jou:

> *Lieve Tao Bron en Divine,*
> *Lieve boeddha's, heiligen* (noem de heiligen waar je in gelooft),
> *Lieve Hemel, Moeder Aarde en de talloze planeten, sterren,*
>   *melkwegstelsels en universa,*
> *Ik hou van jullie, eer jullie en waardeer jullie.*
> *Vergeef alsjeblieft mijn voorouders en mij alle fouten die wij in al onze*
>   *levens gemaakt hebben met betrekking tot het zesde zielenhuis.*
> *Ik bied voor al deze fouten mijn oprechte excuses aan.*
> *Aan alle zielen die mijn voorouders en ik op deze wijze gekwetst of*
>   *geschaad hebben, bied ik uit het diepst van mijn hart mijn excuses aan.*
> *Om vergeven te worden, zal ik onvoorwaardelijk dienstbaar zijn.*
> *Chanten en mediteren is dienen.*
> *Ik zal zoveel mogelijk chanten en mediteren.*
> *Ik zal zo vaak mogelijk onvoorwaardelijk dienstbaar zijn.*
> *Ik vergeef iedereen onvoorwaardelijk die mij of mijn voorouders in onze*
>   *levens gekwetst of geschaad heeft.*
> *Ik ben jullie zeer dankbaar.*
> *Dank je.*

Geestkracht. Visualiseer gouden licht dat in en rond het zesde zielenhuis schijnt.

Ademkracht. Adem in en laat je buik naar voren komen. Adem uit en trek je buik in. Zorg dat je in- en uitademing soepel, gelijkmatig en natuurlijk verloopt. Onthoud dat de duur van elke in- en uitademing afhangt van je persoonlijke gesteldheid. Volg de weg van de natuur.

Klankkracht. Bij het chanten combineren we Klankkracht met Ademkracht en een meer verfijnde visualisatie van Geestkracht.

Stap 1
a. Adem in. Visualiseer gouden licht dat vanaf je neus naar beneden gaat door het centrum van je lichaam en als een bol samenbalt in je eerste zielenhuis.

b. Adem uit. Chant 'Yi' (klinkt als *yie*), de klank voor het zesde zielenhuis. Tegelijkertijd draait de gouden lichtbal vanuit het eerste zielenhuis omhoog naar het zesde zielenhuis, waar hij ronddraait en in alle richtingen explodeert.

c. Herhaal stap 1a en 1b totaal zeven keer.

Stap 2

a. Adem in. Visualiseer gouden licht dat vanaf je neus naar beneden gaat door het centrum van je lichaam en als een bol samenbalt in je eerste zielenhuis.

b. Adem uit. Chant 'Yi Yi Yi.' De gouden lichtbal draait vanuit het eerste zielenhuis via het tweede, derde, vierde en vijfde zielenhuis omhoog naar het zesde zielenhuis, waar hij ronddraait en in alle richtingen explodeert.

c. Herhaal stap 2a en 2b totaal vier keer.

Stap 3

a. Adem in. De gouden lichtbal wordt gevormd in je eerste zielenhuis.

b. Adem uit. Chant:

Yi Ya (klinkt als *yie yaah*)
Yi Ya Yi Ya You (klinkt als *yie yaah yie yaah yoō*)
Yi Ya Yi Ya You
Yi Ya Yi Ya Yi Ya You
Yi Ya Yi Ya Yi Ya Yi Ya You

Wanneer je deze vijf regels chant, adem dan na elke regel snel in en visualiseer de gouden lichtbal die de volgende baan maakt:

Bij het chanten van de eerste regels draait de gouden lichtbal vanuit het eerste zielenhuis omhoog naar het zesde zielenhuis, en gaat dan via de Kun Gong terug naar het eerste zielenhuis.

Bij het chanten van regel 2 tot en met 5 draait de gouden lichtbal vanuit het eerste zielenhuis omhoog naar het zesde zielenhuis, en gaat vervolgens via de Kun Gong terug naar het eerste zielenhuis. Visualiseer bij het chanten van 'You' in deze regels de gouden lichtbal die een cirkel beschrijft. Hij gaat via een onzichtbare doorgang aan de voorkant van het stuitje het ruggenmerg in, stroomt via het ruggenmerg naar het achterhoofd, en gaat in en door de hersenen omhoog naar het zevende zielenhuis. Van daaruit gaat hij via de neusholte terug naar het gehemelte, en dan via het vijfde, vierde, derde en tweede zielenhuis terug naar het eerste zielenhuis.

c. Herhaal stap 3a en 3b totaal vier keer.

Je kunt hardop of in stilte chanten. Het is het beste om elke keer als je chant zowel yang als yin te chanten.

Tao Kalligrafiekracht. Volg *Da Ai*, grootste liefde, of *Da Kuan Shu*, grootste vergeving. (Zie 'Hoe kun je andere Tao Kalligrafieën vinden voor het toepassen van Tao Kalligrafiekracht' op pagina 61.)

Tijdens het volgen wordt dit volgen je Lichaamskracht. Als je wilt kun je het volgen combineren met Geestkracht, Klankkracht en/of Ademkracht, of je kunt je gewoon concentreren op het volgen zelf.

Afronden. Beëindig je oefensessie met de woorden:

Hao. Hao. Hao.
Dank je. Dank je. Dank je.

Zevende chakra of zielenhuis

Lichaamskracht. Leg één hand onder de navel. Plaats de andere hand op het Bai Hui-acupunctuurpunt boven op het hoofd.

Zielenkracht. Zeg *hallo* tegen de innerlijke zielen:

Lieve ziel, hart, geest, lichaam van mijn zevende zielenhuis,
Ik hou van jullie, eer jullie en waardeer jullie.
Jullie hebben de kracht om jezelf te helen en verjongen.
Doe je best.
Dank je.

Zeg *hallo* tegen de zielen buiten jou:

Healen van de zeven chakra's (zielenhuizen) en Wai Jiao

Lieve Tao Bron en Divine,
Lieve boeddha's, heiligen (noem de heiligen waar je in gelooft),
Lieve Hemel, Moeder Aarde en de talloze planeten, sterren,
   melkwegstelsels en universa,
Ik hou van jullie, eer jullie en waardeer jullie.
Vergeef alsjeblieft mijn voorouders en mij alle fouten die wij in al onze
   levens gemaakt hebben met betrekking tot het zevende zielenhuis.
Ik bied voor al deze fouten mijn oprechte excuses aan.
Aan alle zielen die mijn voorouders en ik op deze wijze gekwetst of
   geschaad hebben, bied ik uit het diepst van mijn hart mijn excuses aan.
Om vergeven te worden, zal ik onvoorwaardelijk dienstbaar zijn.
Chanten en mediteren is dienen.
Ik zal zoveel mogelijk chanten en mediteren.
Ik zal zo vaak mogelijk onvoorwaardelijk dienstbaar zijn.
Ik vergeef iedereen onvoorwaardelijk die mij of mijn voorouders in onze
   levens gekwetst of geschaad hebben.
Ik ben jullie zeer dankbaar.
Dank je.

Geestkracht. Visualiseer gouden licht dat in en rond het zevende zielenhuis schijnt.

Ademkracht. Adem in en laat je buik naar voren komen. Adem uit en trek je buik in. Zorg dat je in- en uitademing soepel, gelijkmatig en natuurlijk verloopt. Onthoud dat de duur van elke in- en uitademing afhangt van je persoonlijke gesteldheid. Volg de weg van de natuur.

Klankkracht. Bij het chanten combineren we Klankkracht met Ademkracht en een meer verfijnde visualisatie van Geestkracht.

Stap 1
a. Adem in. Visualiseer gouden licht dat vanaf je neus naar beneden gaat door het centrum van je lichaam en als een bol samenbalt in je eerste zielenhuis.
b. Adem uit. Chant 'Weng' (klinkt als *wung*), de klank voor het zevende zielenhuis. Tegelijkertijd draait de gouden lichtbal vanuit het eerste

zielenhuis omhoog naar het zevende zielenhuis, waar hij ronddraait en in alle richtingen explodeert.

c. Herhaal stap 1a en 1b totaal zeven keer.

Stap 2

a. Adem in. Visualiseer gouden licht dat vanaf je neus naar beneden gaat door het centrum van je lichaam en als een bol samenbalt in je eerste zielenhuis.

b. Adem uit. Chant 'Weng Weng Weng.' De gouden lichtbal draait vanuit het eerste zielenhuis via het tweede, derde, vierde, vijfde en zesde zielenhuis omhoog naar het zevende zielenhuis, waar hij ronddraait en in alle richtingen explodeert.

c. Herhaal stap 2a en 2b totaal vier keer.

Stap 3

a. Adem in. De gouden lichtbal wordt gevormd in je eerste zielenhuis.

b. Adem uit. Chant:

Weng Ya (klinkt als *wung yaah*)
Weng Ya Weng Ya You (klinkt als *wung yaah wung yaah yōo*)
Weng Ya Weng Ya You
Weng Ya Weng Ya Weng Ya You
Weng Ya Weng Ya Weng Ya Weng Ya You

Wanneer je deze vijf regels chant, adem dan na elke regel snel in en visualiseer de gouden lichtbal die al draaiend de volgende baan maakt:

Bij het chanten van de eerste regel draait de gouden lichtbal vanuit het eerste zielenhuis omhoog naar het zevende zielenhuis en gaat dan via de Kun Gong terug naar het eerste zielenhuis.

Bij het chanten van regel 2 tot en met 5 draait de gouden lichtbal vanuit het eerste zielenhuis omhoog naar het zevende zielenhuis, en gaat vervolgens via de Kun Gong terug naar het eerste zielenhuis. Visualiseer bij het chanten van 'You' in deze regels de gouden lichtbal die

Healen van de zeven chakra's (zielenhuizen) en Wai Jiao

een cirkel beschrijft. Hij gaat via een onzichtbare doorgang aan de voorkant van het stuitje het ruggenmerg in, stroomt via het ruggenmerg naar het achterhoofd, en gaat in en door de hersenen omhoog naar het zevende zielenhuis. Van daaruit gaat hij via de neusholte terug naar het gehemelte, en dan via het vijfde, vierde, derde en tweede zielenhuis terug naar het eerste zielenhuis.

c. Herhaal stap 3a en 3b totaal vier keer.

Je kunt hardop of in stilte chanten. Het is het beste om elke keer als je chant zowel yang als yin te chanten.

Tao Kalligrafiekracht. Volg *Da Ai*, grootste liefde, of *Da Kuan Shu*, grootste vergeving. (Zie 'Hoe kun je andere Tao Kalligrafieën vinden voor het toepassen van Tao Kalligrafiekracht' op pagina 61.)

Tijdens het volgen wordt dit volgen je Lichaamskracht. Als je wilt kun je het volgen combineren met Geestkracht, Klankkracht en/of Ademkracht, of je kunt je gewoon concentreren op het volgen zelf.

Afronden. Beëindig je oefensessie met de woorden:

> *Hao. Hao. Hao.*
> *Dank je. Dank je. Dank je.*

Wai Jiao

Lichaamskracht. Leg één hand onder de navel. Plaats de andere hand over het Ming Men-acupunctuurpunt, op de rug direct achter de navel.

Zielenkracht. Zeg *hallo* tegen de innerlijke zielen:

> *Lieve ziel, hart, geest, lichaam van mijn Wai Jiao* (klinkt als *waai dzjauw*),
>   *ik hou van jullie, eer jullie en waardeer jullie.*
> *Jullie hebben de kracht om jezelf te helen en verjongen.*
> *Doe je best.*
> *Dank je.*

Zeg *hallo* tegen de zielen buiten jou:

Lieve Tao Bron en Divine,
Lieve boeddha's, heiligen (noem de heiligen waar je in gelooft),
Lieve Hemel, Moeder Aarde en de talloze planeten, sterren,
   melkwegstelsels en universa,
Ik hou van jullie, eer jullie en waardeer jullie.
Vergeef alsjeblieft mijn voorouders en mij alle fouten die wij in al onze
   levens gemaakt hebben met betrekking tot de Wai Jiao.
Ik bied voor al deze fouten mijn oprechte excuses aan.
Aan alle zielen die mijn voorouders en ik op deze wijze gekwetst of
   geschaad hebben, bied ik uit het diepst van mijn hart mijn excuses aan.
Om vergeven te worden, zal ik onvoorwaardelijk dienstbaar zijn.
Chanten en mediteren is dienen.
Ik zal zoveel mogelijk chanten en mediteren.
Ik zal zo vaak mogelijk onvoorwaardelijk dienstbaar zijn.
Ik vergeef iedereen onvoorwaardelijk die mij of mijn voorouders in onze
   levens gekwetst of geschaad heeft.
Dank je.

Geestkracht. Visualiseer gouden licht dat in en rond je Wai Jiao schijnt.

Ademkracht. Adem in en laat je buik naar voren komen. Adem uit en trek je buik in. Zorg dat je in- en uitademing soepel, gelijkmatig en natuurlijk verloopt. Onthoud dat de duur van elke in- en uitademing afhangt van je persoonlijke gesteldheid. Volg de weg van de natuur.

Klankkracht. Bij het chanten combineren we Klankkracht met Ademkracht en een meer verfijnde visualisatie van Geestkracht.

Stap 1
a. Adem in. Visualiseer gouden licht dat vanaf je neus naar beneden gaat door het centrum van je lichaam en als een bol samenbalt in je eerste zielenhuis.
b. Adem uit. Chant 'You' (klinkt als *yoo*), de klank voor de Wai Jiao en het Ming Men-punt. Tegelijkertijd draait de gouden lichtbal vanuit het eerste zielenhuis omhoog naar de Ming Men en waar hij ronddraait en explodeert in alle richtingen.
c. Herhaal stap 1a en 1b totaal zeven keer.

Stap 2

a. Adem in. Visualiseer een gouden licht dat vanaf je neus naar beneden gaat door het centrum van je lichaam en als een bol samenbalt in je eerste zielenhuis.

b. Adem uit. Chant 'You You You.' De gouden lichtbal draait vanuit het eerste zielenhuis omhoog naar het Ming Men-punt, waar hij ronddraait en explodeert.

c. Herhaal stap 2a en 2b totaal vier keer.

Stap 3

a. Adem in. De gouden lichtbal wordt gevormd in je eerste zielenhuis.

b. Adem uit. Chant:

You Ya (klinkt als *yoō yaah*)
You Ya You Ya You (klinkt als *yoō yaah yoō yaah yoō*)
You Ya You Ya You
You Ya You Ya You Ya You
You Ya You Ya You Ya You Ya You

Als je deze vijf regels chant, adem dan na elke regel snel in en visualiseer de gouden lichtbal die al draaiend de volgende baan maakt:

Bij het chanten van de eerste regel draait de gouden lichtbal vanuit het eerste zielenhuis omhoog naar het Ming Men-punt, en gaat dan via de Kun Gong terug naar het eerste zielenhuis.

Bij het chanten van regel 2 tot en met 5 draait de gouden lichtbal vanuit het eerste zielenhuis omhoog naar het Ming Men-punt, dan naar de Kun Gong en gaat vervolgens terug naar het eerste zielenhuis. Visualiseer bij het chanten van 'You' aan het eind van elke regel de gouden bal die een cirkel beschrijft. Vanuit het eerste zielenhuis gaat hij via een onzichtbare doorgang aan de voorkant van het stuitje het ruggenmerg in, stroomt via het ruggenmerg naar het achterhoofd, en gaat in en door de hersenen omhoog naar het zevende zielenhuis. Van daaruit gaat hij via de neusholte terug naar het gehemelte, en dan via het vijfde, vierde, derde en tweede zielenhuis terug naar het eerste zielenhuis.

c. Herhaal stap 3a en 3b totaal vier keer.

Je kunt hardop of in stilte chanten. Het is het beste om elke keer als je oefent zowel yang als yin te chanten.

Tao Kalligrafiekracht. Volg *Da Ai*, grootste liefde, of *Da Kuan Shu*, grootste vergeving. (Zie 'Hoe kun je andere Tao Kalligrafieën vinden voor het toepassen van Tao Kalligrafiekracht' op pagina 61.)

Tijdens het volgen wordt dit volgen je Lichaamskracht. Als je wilt kun je het volgen combineren met Geestkracht, Klankkracht en/of Ademkracht, of je kunt je gewoon concentreren op het volgen zelf.

Afronden. Beëindig je oefensessie met de woorden:

Hao. Hao. Hao.
Dank je. Dank je. Dank je.

ಚಿ ಚಿ ಲ

In dit hoofdstuk heb je kennisgemaakt met de speciale oefeningen om via zes belangrijke Tao krachttechnieken de zeven chakra's (zielenhuizen) en de Wai Jiao te helen en transformeren.

Oefen. Oefen. Oefen.

Ervaar de transformatie.

Shen Qi Jing-Kanalen

ZOALS DE WET VAN Shen Qi Jing al zegt, is alles en iedereen gemaakt van shen qi jing. In het menselijk lichaam is er voor elk van deze drie elementen een belangrijk kanaal. Het Shen-Kanaal is het belangrijkste zielenkanaal. Het Qi-Kanaal is het belangrijkste energiekanaal. Het Jing-Kanaal is het belangrijkste materiekanaal. Je shen qi en jing zijn onderling verbonden en verweven en spelen zodoende alle drie een vitale rol in healing en transformatie. Zorg dat de Shen Qi Jing-Kanalen gereinigd, gezuiverd, verstevigd, bekrachtigd en verlicht worden om alle aspecten van het leven te helen en transformeren.

Qi-Kanaal

Het Qi-Kanaal is het belangrijkste energiekanaal van het menselijk lichaam. Zie figuur 17.

Het Qi-Kanaal begint bij het Hui Yin-acupunctuurpunt op het perineum, in de basis van het eerste zielenhuis. Het gaat langs het centrale kanaal van het lichaam door het tweede, derde, vierde, vijfde en zesde zielenhuis omhoog naar het Bai Hui-acupunctuurpunt op de kruin van het hoofd en in de basis van het zevende zielenhuis. Van daaruit gaat het Qi-Kanaal via de Wai Jiao terug naar het eerste zielenhuis. In het lichaam is de Wai Jiao de ruimte vóór de wervelkolom plus de ruimte in het hoofd. Het is de grootste ruimte in het lichaam. Zie figuur 15 op pagina 92.

Let op: het Qi-Kanaal gaat één richting op. De juiste stroomrichting van qi in dit kanaal is zoals hierboven beschreven en zoals geïllustreerd door de pijltjes in figuur 17.

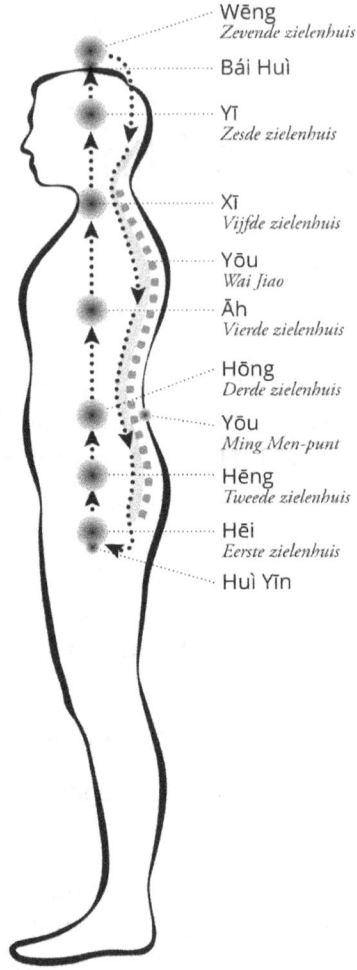

Figuur 17. Qi-Kanaal

Het Qi-Kanaal is de sleutel voor healing van alle ziekten. De speciale mantra van het Qi-Kanaal luidt als volgt:

Hei Heng Hong Ah Xi Yi Weng You
嘿哼哄啊唏嗌嗡呦

Het Qi-Kanaal is het pad van de zeven zielenhuizen, de San Jiao en de Wai Jiao. Alle specifieke mantra's van dit pad komen samen in Hei Heng Hong Ah Xi Yi Weng You. Om die reden zal deze mantra niet alleen shen qi jing-blokkades in het Qi-Kanaal zuiveren en wegnemen; het neemt shen qi jing-blokkades weg uit elk zielenhuis en versterkt alle zielenhuizen, de San Jiao en de Wai Jiao. Hoe vaker je deze mantra zingt, hoe meer voordelen je op dit bovengenoemde pad zult ontvangen.

Jing-Kanaal

Het Jing-Kanaal is het belangrijkste materiekanaal van het menselijk lichaam. Het beweegt zich in tegengestelde richting van het Qi-Kanaal. Zie hieronder in figuur 18.

Net als het Qi-Kanaal begint ook het Jing-Kanaal bij het Hui Yin-acupunctuurpunt op het perineum, maar daarna gaat het omhoog en terug naar het stuitje waar het een onzichtbare doorgang in gaat en zich verbindt met het ruggenmerg. Vervolgens gaat het omhoog via het ruggenmerg naar de hersenen en het Bai Hui-acupunctuurpunt op de kruin van het hoofd. Van daaruit stroomt het door het centrale kanaal via het zesde, vijfde, vierde, derde, tweede en eerste zielenhuis terug naar beneden naar het Hui Yin-acupunctuurpunt.

Het Jing-Kanaal is de sleutel voor verjonging en een lang leven. De speciale mantra van het Jing-Kanaal luidt als volgt:

You Weng Yi Xi Ah Hong Heng Hei
呦嗡噎唏啊哄哼嘿

Bij het chanten van *You Weng Yi Xi Ah Hong Heng Hei* wordt het speciale pad voor verjonging en een lang leven gereinigd. Omdat het traject van het Qi-Kanaal en Jing-Kanaal vergelijkbaar is, is de Jing-mantra ook geschikt voor het verder wegnemen van shen qi jing-blokkades en het versterken van alle zielenhuizen, de San Jiao en de Wai Jiao. Hoe vaker je de mantra van het Jing-Kanaal chant, hoe groter de voordelen voor deze essentiële ruimtes in het lichaam.

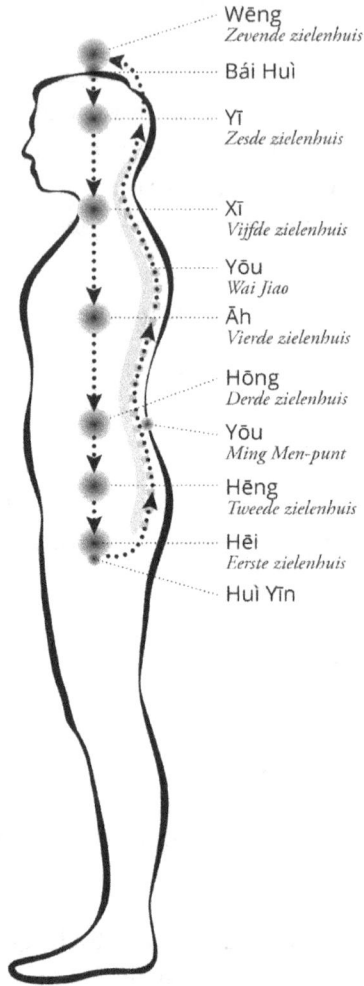

Figuur 18. Jing-Kanaal

Shen-Kanaal

Het Shen-Kanaal vormt het pad van onsterfelijkheid. Het begint op twee punten tegelijk: (1) het Bai Hui-acupunctuurpunt in de basis van het zevende zielenhuis en (2) het Hui Yin-acupunctuurpunt in de basis van het eerste zielenhuis. Zie hieronder in figuur 19.

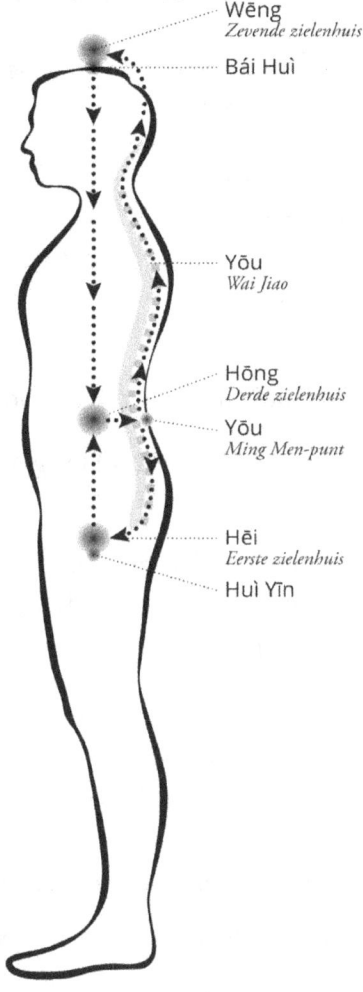

Figuur 19. Shen-Kanaal

De acupunctuurpunten Bai Hui en Hui Yin zijn respectievelijk de punten waar alle yang en alle yin in het lichaam samenkomt. Zoals je in het vorige hoofdstuk hebt geleerd, zijn de specifieke mantra's voor deze twee punten en de zielenhuizen die ze ondersteunen respectievelijk Weng en Hei.

Het Shen-Kanaal stroomt vanaf het Bai Hui-punt boven op het hoofd en het Hui Yin-punt onder aan de romp vanaf het zevende zielenhuis naar beneden en op hetzelfde moment vanaf het eerste zielenhuis naar boven. Ze komen bij elkaar achter de navel in het derde zielenhuis met de mantra Hong. Van daaruit stroomt het als één geheel terug naar het Ming Men-acupunctuurpunt,[21] waar het zich vervolgens splitst. Een deel gaat het ruggenmerg in en stroomt weer omhoog naar het Bai Hui-acupunctuurpunt. Het andere deel gaat het ruggenmerg in en gaat naar beneden naar het Hui Yin-acupunctuurpunt, allemaal met de mantra You.

Daarom luidt de speciale mantra van het Shen-Kanaal:

Weng Hei Hong You
嗡嘿哄呦

De mantra Weng verbindt zich met de Hemel. De mantra Hei verbindt zich met Moeder Aarde. De mantra Hong verbindt zich met de mens. De mantra You verbindt zich met Tao. Door het chanten van *Weng Hei Hong You* verenigen de shen qi jing van de Hemel, Moeder Aarde, de mens en Tao zich als één. Als ren di tian Dao (*mens, Moeder Aarde, Hemel, Tao*) zich verenigen als één, bereikt men de onsterfelijkheid. Daarom is deze speciale mantra bedoeld voor het bereiken van onsterfelijkheid.

Kracht en betekenis van de Shen Qi Jing-Kanalen

Ik zal de kracht en betekenis van deze drie kanalen samenvatten.

- Het Qi-Kanaal is voor healing van alle ziekten.
- Het Jing-Kanaal is voor verjonging en een lang leven.
- Het Shen-Kanaal is voor onsterfelijkheid.

Je kunt onbeperkt oefenen met de Shen Qi Jing-Kanalen. Je kunt met elk kanaal een paar minuten per keer oefenen. Je kunt met elk kanaal ook

---

[21] 'Ming' betekent *leven*. 'Men' betekent *poort*. Het Ming Men-acupunctuurpunt is de 'poort van het leven.' Het bevindt zich op de rug, direct achter de navel. Zie figuur 15 op pagina 92.

een half uur, een uur of zelfs langer oefenen. Hoe langer je oefent, hoe groter de voordelen die je kunt ontvangen.

Oefen. Oefen. Oefen.

Ervaar. Ervaar. Ervaar.

Laten we nu de belangrijke zes Tao krachttechnieken toepassen voor healing en transformatie van de Shen Qi Jing-Kanalen.

Oefening met Shen Qi Jing-Kanalen voor healing en transformatie

Lichaamskracht. Leg je handen in de yin-yang-handpositie op je onderbuik, onder de navel. Zie figuur 16 op pagina 98.

Zielenkracht. Zeg *hallo* tegen de innerlijke zielen:

> *Lieve ziel, hart, geest, lichaam van mijn Shen Qi Jing-Kanalen,*
> *Ik hou van jullie, eer jullie en waardeer jullie.*
> *Jullie hebben de kracht om mijn shen qi jing-blokkades te zuiveren en te*
> *verwijderen voor healing, verjonging, een langer leven en het*
> *ontwikkelen van wijsheid in alle aspecten van het leven.*
> *Jullie hebben de kracht om je volledig te openen en te ontwikkelen.*
> *Doe je best.*
> *Dank voor jullie zegening.*
> *Ik ben jullie zeer dankbaar.*

Zeg *hallo* tegen de zielen buiten jou:

> *Lieve Tao Bron en Divine,*
> *Lieve boeddha's, heiligen* (noem de heiligen waar je in gelooft),
> *Lieve Hemel, Moeder Aarde en de talloze planeten, sterren,*
> *melkwegstelsels en universa,*
> *Ik hou van jullie, eer jullie en waardeer jullie.*
> *Vergeef alsjeblieft mijn voorouders en mij alle fouten die wij in al onze*
> *levens gemaakt hebben met betrekking tot de Shen Qi Jing-Kanalen.*
> *Ik bied voor al deze fouten mijn oprechte excuses aan.*

Aan alle zielen die mijn voorouders en ik op deze wijze gekwetst of
  geschaad hebben, bied ik uit het diepst van mijn hart mijn excuses aan.
Om vergeven te worden, zal ik onvoorwaardelijk dienstbaar zijn.
Chanten en mediteren is dienen.
Ik zal zoveel mogelijk chanten en mediteren.
Ik zal zo vaak mogelijk onvoorwaardelijk dienstbaar zijn.
Ik vergeef iedereen onvoorwaardelijk die mij of mijn voorouders in onze
  levens gekwetst of geschaad heeft.
Ik ben jullie zeer dankbaar.
Dank je.

Geestkracht. Visualiseer gouden licht dat schijnt in en rond het gebied waarvoor je healing en verjonging wilt ontvangen.

Ademkracht. Adem in en laat je buik naar voren komen. Adem uit en trek je buik in. Zorg dat je in- en uitademing soepel, gelijkmatig en natuurlijk verloopt. Onthoud dat de duur van elke in- en uitademing afhangt van je persoonlijke gesteldheid.

Klankkracht. Bij het chanten combineren we Klankkracht met Ademkracht en een meer verfijnde visualisatie van Geestkracht. Bekijk de video met mijn chanten die voor jou van deze en alle belangrijke oefeningen in dit boek is gemaakt.

Qi-Kanaal

a. Adem in. Visualiseer gouden licht dat vanaf je neus naar beneden gaat door het centrum van je lichaam en als een bol samenbalt in je eerste zielenhuis.

b. Adem uit. Chant 'Hei Heng Hong Ah Xi Yi Weng You' (klinkt als *heey hung hōng aah shie yie wung yoō*). De gouden bal volgt tegelijkertijd het pad van het Qi-Kanaal, draait door het centrale kanaal omhoog naar het Bai Hui-acupunctuurpunt en gaat dan via de Wai Jiao terug naar het eerste zielenhuis.

c. Herhaal bovenstaande stappen vier keer.

Jing-Kanaal

a. Adem in. Visualiseer gouden licht dat vanaf je neus naar beneden gaat door het centrum van je lichaam en als een bol samenbalt in je eerste zielenhuis.

b. Adem uit. Chant 'You Weng Yi Xi Ah Hong Heng Hei' (klinkt als *yoō wung iee shie aah hōng hung heey*). De gouden bal volgt tegelijkertijd het pad van het Jing-Kanaal, draait vanuit het eerste zielenhuis terug naar het stuitje en gaat dan het ruggenmerg in. Vervolgens stroomt de bal door het ruggenmerg omhoog, waar hij via de hersenen het Bai Hui-acupunctuurpunt bereikt. Daarna stroomt hij door het centrale kanaal via het zesde, vijfde, vierde, derde en tweede zielenhuis terug naar beneden naar het eerste zielenhuis.

c. Herhaal bovenstaande stappen totaal vier keer.

Shen-Kanaal

a. Adem in. Gouden licht gaat vanaf je neus door het centrum van je lichaam naar beneden, waar het als een bol samenbalt in je eerste zielenhuis.

b. Adem uit. Chant 'Weng Hei Hong You' (klinkt als *wung heey hōng yoō*). De gouden bal heeft zich opgesplitst in twee gouden ballen: één bij het Bai Hui-acupunctuurpunt in de basis van het zevende zielenhuis, en één bij het Hui Yin-acupunctuurpunt in de basis van het eerste zielenhuis. Vanaf deze twee punten volgen de gouden ballen het pad van het Shen-Kanaal. Ze stromen door het centrale kanaal vanuit het zevende zielenhuis naar beneden en vanuit het eerste zielenhuis naar boven, en komen als één bal samen in het derde zielenhuis achter de navel.

Van hieruit stroomt de gouden bal regelrecht terug naar het Ming Men-acupunctuurpunt, waar hij zich opsplitst in twee ballen. De ene bal gaat via het ruggenmerg omhoog terug naar het Bai Hui-acupunctuurpunt, en de andere bal gaat door het ruggenmerg naar beneden terug naar het Hui Yin-acupunctuurpunt.

c. Herhaal bovenstaande stappen vier keer.

Je kunt hardop of in stilte chanten. Het is het beste om elke keer als je chant zowel yang als yin te chanten.

Tao Kalligrafiekracht. Volg *Da Ai*, grootste liefde, of *Da Kuan Shu*, grootste vergeving. (Zie 'Hoe kun je andere Tao Kalligrafieën vinden voor het toepassen van Tao Kalligrafiekracht' op pagina 61.)

Tijdens het volgen wordt dit volgen je Lichaamskracht. Als je wilt kun je het volgen combineren met Geestkracht, Klankkracht en/of Ademkracht, of je kunt je gewoon concentreren op het volgen zelf.

Afronden. Beëindig je oefensessie met de woorden:

Hao. Hao. Hao.
Dank je. Dank je. Dank je.

ಔ ಔ ಐ

Je kunt per keer vijf tot tien minuten oefenen. Je kunt een half uur oefenen, een uur of langer. Er is geen tijdslimiet. Hoe langer je oefent, hoe gunstiger het effect zal zijn.

Oefen. Oefen. Oefen.

Ervaar de transformatie.

Zes belangrijke Tao krachttechnieken toepassen voor healing en transformatie van relaties

RELATIES ZIJN EEN ZEER belangrijk punt voor de mensheid. Miljoenen mensen hebben goede relaties. Miljoenen andere mensen hebben uitdagingen met relaties.

Er zijn allerlei soorten relaties, waaronder relaties met echtgenoten en partners, kinderen, ouders, grootouders, kleinkinderen, bazen, collega's en vrienden. Ieder van ons wordt diepgaand beïnvloed door de relaties tussen verschillende organisaties en de relaties tussen steden en landen. Enkele andere uiterst belangrijke persoonlijke relaties zijn de relaties die je hebt met je fysieke spirituele leraren en met je spirituele vaders en moeders en andere spirituele gidsen in de Hemel.

Iemand kan gedurende zijn of haar leven en in allerlei relaties te maken hebben met vele blokkades. Sommige mensen hebben moeilijkheden met hun ouders. Anderen hebben moeilijkheden met hun kinderen. Sommige mensen hebben moeilijkheden met hun collega's of baas. Mensen vragen zich vaak af waarom ze hiermee worstelen.

Het komt zelden voor dat iemand in het leven geen momenten heeft gekend dat hij of zij worstelde met een relatie. Sommige mensen worstelen hun hele leven met relaties. Sommigen lukt het nooit een ware liefde te vinden en ze gaan door de ene na de andere scheiding of breuk. Sommige kinderen hebben gewelddadige ouders. En sommige ouders hebben gewelddadige kinderen. Andere mensen worden bedrogen door hun zakenpartner. Relatieproblemen zijn heel gewoon op Moeder Aarde.

Wat is de belangrijkste oorzaak van blokkades in relaties? In één zin gezegd:

De belangrijkste oorzaak van blokkades in relaties is negatieve shen qi jing uit dit leven en alle vorige levens.

Jij hebt de kracht om in al je relaties de blokkades van negatieve shen qi jing uit je vorige levens en dit leven op te lossen. De sleutel daarvoor is vergeving. Vergeven en vergeven worden voor de fouten in relaties in vorige levens en dit leven betekent healing van al je relaties.

De heilige wijsheid is dat relatieblokkades zich met name opstapelen in het Boodschapscentrum (hartchakra of vierde zielenhuis). Het in balans brengen van de emoties in allerlei relaties betekent healing van de negatieve shen qi jing van relatieblokkades binnen het Boodschapscentrum door deze om te zetten in positieve shen qi jing.

We gaan nu zes belangrijke Tao krachttechnieken toepassen om te oefenen met Da Kuan Shu, grootste vergeving, voor healing en transformatie van relaties. Ik wil de kracht en betekenis onderstrepen van Da Kuan Shu:

De tweede van de Tien Da kernkwaliteiten van Tao is grootste vergeving.
Ik vergeef jou.
Jij vergeeft mij.
Liefde, vrede en harmonie.

Lichaamskracht. Leg één hand over het Boodschapscentrum. Leg de andere hand op je onderbuik, onder de navel.

Zielenkracht. Zeg *hallo* tegen de innerlijke zielen van jou en de andere persoon:

> *Lieve ziel, hart, geest, lichaam van mijzelf en* (noem de persoon/
> personen met wie jij relatiehealing en -transformatie nodig hebt)
> *en lieve ziel, hart, geest, lichaam van mijn relatie(s) met jou/jullie,*
> *Ik hou van jullie, eer jullie en waardeer jullie.*
> *Vergeef alsjeblieft mijn voorouders en mij alle fouten die wij in al onze*
> *levens gemaakt hebben en die jou of je voorouders op enige wijze hebben*
> *gekwetst of geschaad.*
> *Ik bied voor al deze fouten mijn oprechte excuses aan.*
> *Ik vergeef jou en je voorouders volledig, compleet en onvoorwaardelijk voor*
> *alle pijn of schade die je misschien mijn voorouders of mij in alle levens*
> *hebt toegebracht.*
> *Dank je.*

Zeg *hallo* tegen de zielen buiten jou:

> *Lieve Tao Bron en Divine,*
> *Lieve boeddha's, heiligen* (noem de heiligen waar je in gelooft),
> *Lieve Hemel, Moeder Aarde en de talloze planeten, sterren,*
> *melkwegstelsels en universa,*
> *Ik hou van jullie, eer jullie en waardeer jullie.*
> *Vergeef alsjeblieft mijn voorouders en mij alle fouten, pijn of schade die wij*
> *in al onze levens hebben veroorzaakt en die betrekking hebben op de*
> *negatieve shen qi jing-blokkades die in allerlei soorten relaties zijn*
> *ontstaan.*
> *Ik verontschuldig mij uit de grond van mijn hart naar jou en alle zielen die*
> *ik en mijn voorouders op deze manier hebben gekwetst of geschaad.*
> *Om vergeven te worden, zal ik onvoorwaardelijk dienstbaar zijn.*
> *Chanten en mediteren is dienen.*
> *Ik zal zoveel mogelijk chanten en mediteren.*
> *Ik zal zo vaak mogelijk onvoorwaardelijk dienstbaar zijn.*
> *Ik vergeef iedereen onvoorwaardelijk die mij of mijn voorouders in onze*
> *levens gekwetst of geschaad heeft.*
> *Ik ben jullie zeer dankbaar.*
> *Dank je.*

Geestkracht. Visualiseer gouden licht dat jou verbindt met al je voorouders en de mensen (of dieren, organisaties, steden, landen, enz.) die je om vergeving hebt gevraagd.

Ademkracht. Adem in en laat je buik naar voren komen. Adem uit en trek je buik in. Zorg dat je in- en uitademing soepel, gelijkmatig en natuurlijk verloopt. Onthoud dat de duur van elke in- en uitademin afhangt van je persoonlijke gesteldheid. Forceer niets. Volg de weg van de natuur.

Klankkracht. Bij het chanten combineren we Klankkracht met Ademkracht en een meer verfijnde visualisatie van Geestkracht. Zie de video van mijn chanten die bij deze oefening hoort.

Stap 1

a. Adem in. Visualiseer gouden licht dat vanaf je neus door het centrum van je lichaam naar beneden gaat naar de bodem van je romp, waar het als een bol samenbalt in je eerste zielenhuis.

b. Adem uit. Chant 'Kuan Shu' (klinkt als *kwan shoe*). Visualiseer tegelijkertijd de gouden lichtbal die vanaf het eerste zielenhuis omhoog draait naar het Boodschapscentrum (hartchakra) waar hij explodeert en in alle richtingen uitstraalt.

c. Herhaal stap 1a en 1b totaal zeven keer.

Stap 2

a. Adem in. Gouden licht gaat vanaf je neus door het centrale kanaal naar beneden naar je eerste zielenhuis, waar het als een bol samenbalt.

b. Adem uit. Chant 'Kuan Shu Kuan Shu Kuan Shu.' Visualiseer tegelijkertijd de gouden lichtbal die vanuit het eerste zielenhuis omhoog draait naar het Boodschapscentrum, waar hij blijft ronddraaien, explodeert en in alle richtingen uitstraalt.

c. Herhaal stap 2a en 2b totaal vier keer.

Stap 3

a. Adem in. In je eerste zielenhuis vormt het gouden licht opnieuw een bal.

b. Adem uit. Chant:

Kuan Shu (klinkt als *kwan shoe*)
Kuan Shu Kuan Shu Kuan Shu
Kuan Shu Kuan Shu Kuan Shu
Kuan Shu Kuan Shu Kuan Shu
Kuan Shu Kuan Shu Kuan Shu Kuan Shu

Wanneer je deze vijf regels chant, adem dan na elke regel snel in en visualiseer de gouden lichtbal die al draaiend de volgende baan maakt:

Bij het chanten van de eerste regel draait de gouden lichtbal vanuit het eerste zielenhuis omhoog naar het Boodschapscentrum (vierde zielenhuis), en gaat dan via de Kun Gong weer terug naar het eerste zielenhuis.

Bij het chanten van regel 2 tot en met 5 draait de gouden lichtbal vanuit het eerste zielenhuis omhoog naar het Boodschapscentrum (hartchakra of vierde zielenhuis) en gaat dan via de Kun Gong terug naar het eerste zielenhuis. Vervolgens maakt de gouden bal een cirkel. Vanuit het eerste zielenhuis gaat hij via een onzichtbare doorgang aan de voorkant van het stuitje het ruggenmerg in, stroomt via het ruggenmerg omhoog, en gaat in en door de hersenen omhoog naar het zevende zielenhuis boven op je hoofd. Van daaruit gaat hij via de neusholte terug naar het gehemelte, en dan via het vijfde, vierde, derde en tweede zielenhuis terug naar het eerste zielenhuis.

c. Herhaal stap 3a en 3b totaal vier keer.

Je kunt hardop of in stilte chanten. Het is het beste om elke keer als je chant zowel yang als yin te chanten.

Tao Kalligrafiekracht. Volg *Da Ai*, grootste liefde, of *Da Kuan Shu*, grootste vergeving. (Zie 'Hoe kun je andere Tao Kalligrafieën vinden voor het toepassen van Tao Kalligrafiekracht' op pagina 61.)

Tijdens het volgen wordt dit volgen je Lichaamskracht. Als je wilt kun je het volgen combineren met Geestkracht, Klankkracht en/of Ademkracht, of je kunt je gewoon concentreren op het volgen zelf.

Afronden. Beëindig je oefensessie met de woorden:

Hao. Hao. Hao.
Dank je. Dank je. Dank je.

ಐ ಐ ಆ

Dit is de manier om via Da Kuan Shu, grootste vergeving, de zes Tao krachttechnieken toe te passen voor healing en transformatie van relaties.

Je kunt vijf tot tien minuten oefenen. Je kunt ook een half uur of een uur oefenen. Er is geen tijdslimiet. Hoe meer je oefent, hoe meer positieve effecten je kunt ervaren.

Oefen. Oefen. Oefen.

Ervaar de transformatie.

Zes belangrijke Tao krachttechnieken toepassen voor healing en transformatie van financiën

DENK EENS AAN DE ECONOMISCHE situatie op Moeder Aarde op dit moment. Veel mensen op Moeder Aarde zijn erg rijk. Veel meer mensen op Moeder Aarde zijn erg arm.

Denk aan de mensen om je heen. Sommigen zijn erg intelligent. Je zou denken dat ze enorm succesvol zouden moeten zijn in het bedrijfsleven, maar dat hoeft helemaal niet het geval te zijn. Sommige mensen zijn heel eenvoudig. Ze lijken misschien zelfs niet intelligent, maar zijn toch heel succesvol.

Hoe kan het dat sommige mensen volop geld hebben? De belangrijkste reden hiervan is positieve shen qi jing. Een dergelijk persoon en zijn of haar voorouders hebben in hun levens grote deugd vergaard. Ze zijn in hun levens heel dienstbaar geweest aan anderen. Voor deze dienstbaarheid, vanuit onder andere liefde, zorg, mededogen, oprechtheid en eerlijkheid, hebben zij deugd ontvangen.

Deze deugd is opgenomen in de Akasha Kronieken (zie voetnoot 19 op pagina 91 voor de uitleg van Akasha Kronieken) en is voor hun huidige leven omgezet in fysiek geld. Als zo iemand goed blijft dienen, zal hij of zij ook in toekomstige levens rijk blijven. Ook hun nakomelingen zullen floreren. Hoe komt het dat andere mensen worstelen met financiële problemen? De oorzaak is negatieve shen qi jing. Een dergelijk persoon en zijn of haar voorouders hebben in hun levens aanzienlijke fouten begaan. Denk daarbij aan dingen als moord, bedrog, stelen, uitbuiten of profiteren van anderen en meer.

De sleutel tot het transformeren van financiën is daarom het opheffen van de negatieve shen qi jing-blokkades die door jou en je voorouders zijn gecreëerd en meegedragen.

Ik wil de diepe wijsheid en oefening met je delen om je financiën te transformeren. De Onderste Dan Tian is een financieel centrum in het lichaam. (Zie voetnoot 18 op pagina 91 voor uitleg over de Onderste Dan Tian en zie figuur 15 op pagina 92 voor de locatie).

Het is mogelijk om de negatieve shen qi jing van financiën in de Onderste Dan Tian te helen en transformeren in positieve shen qi jing door toepassing van de zes Tao krachttechnieken.

Daarvoor gaan we oefenen met Da Chang Sheng, grootste bloei, voor healing en transformatie van financiën. Ik onderstreep de kracht en betekenis van Da Chang Sheng.

De zevende van de Tien Da kwaliteiten van Tao is grootste bloei.
Tao Bron schenkt enorme welvaart, geluk en succes.
Vergaar deugd door het geven van dienstbaarheid.
Tao carrière bloeit.

Lichaamskracht. Leg je handen in de yin-yang-handpositie (figuur 16) over de Onderste Dan Tian, op je onderbuik onder de navel.

Zielenkracht. Zeg *hallo* tegen de innerlijke zielen:

Lieve ziel, hart, geest, lichaam van mijn financiën,
Ik hou van jullie, eer jullie en waardeer jullie.

Vergeef alsjeblieft mijn voorouders en mij alle fouten die wij in al onze levens gemaakt hebben die de financiële of zakelijke belangen van iets of iemand hebben geschaad op welke manier dan ook.
Ik bied mijn diepe verontschuldigingen aan voor al deze fouten.
Jullie hebben ook de kracht om jezelf te helen en transformeren.
Heel en transformeer alsjeblieft (dien een persoonlijk verzoek in voor je financiën of bedrijf).
Doe je best.
Dank je.

Zeg *hallo* tegen de zielen buiten jou:

Lieve Tao Bron en Divine,
Lieve boeddha's, heiligen (noem de heiligen waar je in gelooft),
Lieve Hemel, Moeder Aarde en de talloze planeten, sterren, melkwegstelsels en universa,
Ik hou van jullie, eer jullie en waardeer jullie.
Vergeef alsjeblieft mijn voorouders en mij alle fouten, pijn of schade die wij in onze levens hebben veroorzaakt die te maken hebben met negatieve shen qi jing-blokkades voor financieel en zakelijk succes.
Ik bied voor al deze fouten mijn oprechte excuses aan.
Ik verontschuldig mij uit de grond van mijn hart naar jou en alle zielen van mijn voorouders die ik op deze manier heb gekwetst of geschaad.
Om vergeven te worden, zal ik onvoorwaardelijk dienstbaar zijn.
Chanten en mediteren is dienen.
Ik zal zoveel mogelijk chanten en mediteren.
Ik zal zo vaak mogelijk onvoorwaardelijk dienstbaar zijn.
Ik vergeef iedereen onvoorwaardelijk die in onze levens schade heeft berokkend aan de financiën of het bedrijf van mij of mijn voorouders.
Ik ben jullie zeer dankbaar.
Dank je.

Geestkracht. Visualiseer gouden licht dat in en rond je verzoek schijnt voor het transformeren van je financiën.

Ademkracht. Adem in en laat je buik naar voren komen. Adem uit en trek je buik in. Zorg dat je in- en uitademing soepel, gelijkmatig en natuurlijk verloopt. Onthoud dat de duur van elke in- en uitademing afhangt van je persoonlijke gesteldheid. Volg de weg van de natuur.

Klankkracht. Bij het chanten combineren we Klankkracht met Ademkracht en een meer verfijnde visualisatie van Geestkracht. Zie de video van mijn chanten die bij deze oefening hoort.

Stap 1

a. Adem in. Visualiseer gouden licht dat vanaf je neus door het centrum van je lichaam naar beneden gaat naar de bodem van je romp, waar het als een bol samenbalt in je eerste zielenhuis.

b. Adem uit. Chant 'Chang Sheng' (klinkt als *tsjang shung*). Visualiseer tegelijkertijd de gouden lichtbal die vanaf het eerste zielenhuis omhoog draait naar de Onderste Dan Tian, waar hij explodeert en in alle richtingen uitstraalt.

c. Herhaal stap 1a en 1b totaal zeven keer.

Stap 2

a. Adem in. Gouden licht gaat vanaf je neus naar beneden door het centrale kanaal naar je eerste zielenhuis, waar het als een bol samenbalt.

b. Adem uit. Chant 'Chang Sheng Chang Sheng Chang Sheng.' Visualiseer tegelijkertijd de gouden lichtbal die vanaf het eerste zielenhuis omhoog draait naar de Onderste Dan Tian, waar hij blijft ronddraaien, explodeert en in alle richtingen uitstraalt.

c. Herhaal stap 2a en 2b totaal vier keer.

Stap 3

a. Adem in. In je eerste zielenhuis vormt het gouden licht opnieuw een bal.

b. Adem uit. Chant:

Chang Sheng (klinkt als *tsjang shung*)
Chang Sheng Chang Sheng Chang Sheng
Chang Sheng Chang Sheng Chang Sheng

Chang Sheng Chang Sheng Chang Sheng
Chang Sheng Chang Sheng Chang Sheng Chang Sheng

Wanneer je deze vijf regels chant, adem dan na elke regel snel in en visualiseer de gouden lichtbal die de volgende baan maakt:

Bij het chanten van de eerste regel draait de gouden lichtbal vanuit het eerste zielenhuis via de Onderste Dan Tian verder omhoog naar de Kun Gong, en gaat dan terug naar het eerste zielenhuis.

Bij het chanten van regel 2 tot en met 5 draait de gouden lichtbal vanuit het eerste zielenhuis omhoog naar de Onderste Dan Tian, gaat verder door omhoog naar de Kun Gong en dan terug naar het eerste zielenhuis. Vervolgens maakt de gouden bal een cirkel. Vanuit het eerste zielenhuis gaat hij via een onzichtbare doorgang aan de voorkant van het stuitje het ruggenmerg in, stroomt via het ruggenmerg omhoog, en gaat in en door de hersenen omhoog naar het zevende zielenhuis boven op je hoofd. Van daaruit gaat hij via de neusholte terug naar het gehemelte, en dan via het vijfde, vierde, derde en tweede zielenhuis terug naar het eerste zielenhuis.

c. Herhaal stap 3a en 3b totaal vier keer.

Je kunt hardop of in stilte chanten. Het is het beste om elke keer als je chant zowel yang als yin te chanten.

Tao Kalligrafiekracht. Volg *Da Ai*, grootste liefde, of *Da Kuan Shu*, grootste vergeving. (Zie 'Hoe kun je andere Tao Kalligrafieën vinden voor het toepassen van Tao Kalligrafiekracht' op pagina 61.)

Tijdens het volgen wordt dit volgen je Lichaamskracht. Als je wilt kun je het volgen combineren met Geestkracht, Klankkracht en/of Ademkracht, of je kunt je gewoon concentreren op het volgen zelf.

Afronden. Beëindig je oefensessie met de woorden:

Hao. Hao. Hao.
Dank je. Dank je. Dank je.

৪০ ৪০ ୰

Dit is de manier om via Da Chang Sheng, grootste bloei, de zes Tao krachttechnieken toe te passen voor healing en transformatie van financiën. Je kunt vijf tot tien minuten oefenen. Je kunt ook een half uur of een uur oefenen. Er is geen tijdslimiet. Hoe meer je oefent, hoe meer positieve effecten je kunt ervaren.

Da Chang Sheng is de zevende van de Tien Da-kaliteiten van Tao. Om je financiën te transformeren kun je elk van de negen andere Da kwaliteiten op dezelfde wijze toepassen.

Oefen. Oefen. Oefen.

Ervaar de transformatie.

Conclusie

ALLES EN IEDEREEN in talloze planeten, sterren, melkwegstelsels en universa, inclusief de mens, is gemaakt van shen qi jing. Shen omvat ziel, hart en geest. In de kwantumwetenschap en de Tao wetenschap staat de ziel voor informatie of boodschap. Het spirituele hart ontvangt de boodschap. De geest verwerkt de boodschap. Qi, energie, brengt de boodschap in beweging. Jing, materie, transformeert de boodschap.

Shen qi jing vormen het informatie- of boodschapssysteem van een wezen. De ziel leidt het hart. Het hart leidt de geest. De geest verplaatst de energie. Energie brengt de materie in beweging.

Waarom is iemand gezond met goede relaties en financiële rijkdom? Dat is te danken aan positieve shen qi jing.

Waarom heeft iemand uitdagingen in gezondheid, relaties, financiën en andere dingen in het leven? Dat is te wijten aan negatieve shen qi jing.

In dit boek worden zes belangrijke Tao krachttechnieken gedeeld: Lichaamskracht, Klankkracht, Geestkracht, Zielenkracht, Ademkracht en Tao Kalligrafiekracht. Deze technieken verbinden zich met de Hemel, Moeder Aarde en talloze planeten, sterren, melkwegstelsels en universa, en ook met de heiligen in alle rijken, om positieve shen qi jing van Tao Bron, de Hemel en Moeder Aarde naar je toe te brengen zodat je in staat bent om je negatieve shen qi jing in gezondheid, relaties en financiën en elk ander aspect van het leven te transformeren.

Er is een belangrijke oude wijsheid: *da Dao zhi jian* 大道至簡. 'Da' betekent *grootste*. 'Dao' is *Tao Bron*. 'Zhi' betekent *extreem*. 'Jian' betekent *eenvoudig*. 'Da Dao zhi jian' betekent *de grootste Tao is enorm eenvoudig*.

Elke oefening in dit boek is heel eenvoudig, of het nu gaat om het helen van je Vijf Elementen, het helen van je geestelijke en spirituele lichaam, het helen van je zielenhuizen en Wai Jiao, het helen van je Shen Qi Jing-Kanalen, het helen van je relaties of het helen van je financiën. Voor sommige mensen kan het moeilijk zijn om dat te geloven. Oefen samen met mijn chanting op de video's die voor jou gemaakt zijn. Weet dat we goede onderzoeksresultaten hebben verzameld over mensen die opmerkelijke healing en transformatie hebben ervaren na het oefenen met vergelijkbare technieken en oefeningen. Er zijn honderden hartverwarmende en ontroerende resultaten die mensen hebben bereikt door het oefenen met deze technieken. Ik heb een aantal van deze casus uit ons onderzoek verzameld in een bijlage verderop.

In de oude wijsheid gold: *als je wilt weten of een peer zoet is, proef hem dan*. In de huidige wijsheid is dat: *als je wilt weten of iets werkt, ervaar het dan*.

In de afgelopen zeven jaar heb ik herhaaldelijk met de mensheid gedeeld dat je verbinden met het Tao Kalligrafie Healingveld via speciale Tao technieken de eenvoudigste manier is voor healing en transformatie. Zoals ik altijd zeg:

Ervaar de transformatie.

Ik zou willen dat elke lezer deze technieken oefent om je gezondheid, relaties en financiën te transformeren en je spirituele reis te ondersteunen.

Oefen. Oefen. Oefen.

Ervaar de transformatie.

Ik hou van mijn hart en ziel
Ik hou van de hele mensheid
Breng harten en zielen tezamen
Liefde, vrede en harmonie
Liefde, vrede en harmonie

Bijlage

Casestudies onderzoek Tao Kalligrafie Healingveld

door Peter Hudoba, chirurg

IN DE AFGELOPEN JAREN zijn in diverse studies de effecten onderzocht van de toepassing van Tao Kalligrafie Healingveld en Tao Kalligrafie Lichtveldtransmissies. Ik wil graag enkele representatieve tussentijdse resultaten delen van een recent onderzoek dat nog gaande is en dat gefinancierd wordt door de Sha Research Foundation met hoofdkantoor in San Francisco, Californië, waarvan ik de onderzoeksdirecteur ben.

De studie is ontworpen als een prospectieve vervolgstudie gericht op Tao Kalligrafie bewegingsmeditatie. Zoals je hebt geleerd in dit boek is dit Tao Kalligrafiekracht via volgen met de Dan (onderbuik) en het chanten van een mantra (Klankkracht). De studie werd in 2017 goedgekeurd door de Institutional Review Board (IRB) in Aurora, provincie Ontario in Canada, en is in januari 2018 van start gegaan.

De proefpersonen kwamen uit de Verenigde Staten en Canada. Ze waren medisch gediagnosticeerd met verschillende fysieke of emotionele aandoeningen. Alle proefpersonen ontvingen van Dr. en Master Zhi Gang Sha een persoonlijke healing blessing en een of meer Tao Kalligrafie Lichtveldtransmissies. Ze kregen de opdracht om elke dag één tot twee uur oefeningen te doen met Klankkracht en Tao Kalligrafiekracht en daarbij tevens Zielenkracht, Lichaamskracht en Geestkracht te integreren. Daarnaast konden zij onder leiding van getrainde instructeurs twee keer per week deelnemen aan groepstrainingen van dertig minuten. Deelname werd sterk aanbevolen, maar was vrijwillig.

De instructies voor het zelfstandig oefenen waren als volgt:

- **Lichaamskracht.** Zoek een comfortabele sta- of zithouding.
- **Geestkracht.** Visualiseer gouden licht in en rond het aangedane gebied of, bij emotionele aandoeningen, het bijbehorende orgaan.
- **Klankkracht.** Chant bijbehorende mantra's.
- **Zielenkracht.** Zeg *hallo* om licht en liefde voor healing te vragen aan innerlijke zielen en aan zielen buiten jou.
- **Tao Kalligrafiekracht.** Doe de oefening 'volgen vanuit je Dan' zoveel mogelijk staand. Of ga anders zitten voor het volgen met vijf vingertoppen van één hand.

De proefpersonen werd aangeraden om hun behandeling via conventionele of complementaire/alternatieve professionals in de gezondheidszorg zoveel mogelijk te continueren. Er werd geen diagnose of medisch advies gegeven aan de proefpersonen.

De meeste resultaten in deze bijlage zijn afkomstig uit het eerste kwartaal van 2019, in wezen een tussentijdse opvolging na 1 jaar. Voor sommige proefpersonen is meer recente informatie beschikbaar, zoals aangegeven in de gedetailleerde gegevens. Het onderzoek loopt tot en zal eindigen in 2020.

Casus 1

- Arbeidsongeschikte vrouw, in maart 2011 gediagnosticeerd met stadium IV endometriose, met uitgebreide verklevingen in het bekken.
- Heeft jarenlang enorme buikpijn gehad met zeer zware menstruatie. Kon niet functioneren. Werd depressief, angstig en suïcidaal.
- Was niet in staat tot normale stoelgang vanwege verklevingen in het sigmoïd als gevolg van endometriose, en gebruikte bijna elke dag zelfstandig een klysma.

- Behandeld met Lupron, hormoonvervangingstherapie en anticonceptie.
- Een MRI in februari 2014 liet grote cysten zien aan de eierstokken, adenomyose en verklevingen met vernauwing van de dikke darm.
- Ze werd ingepland voor het verwijderen van de baarmoeder en eierstokken.
- In april 2014 ontving ze van Dr. en Master Sha een healing blessing voor haar endometriose. Vrijwel direct na de healing blessing ervaarde ze complete rust en stopten haar zelfmoordgedachten. Bovendien verminderde de pijn met 90% (haar eigen pijnscore). De pijn nam later tot op zekere hoogte toe, maar bereikte nooit het eerdere niveau.
- In juli 2014 had ze een vervolgafspraak bij de chirurg. Deze zei dat op basis van haar laatste onderzoeken verwijderen van baarmoeder en eierstokken niet nodig was.
- Verder adviseerde de chirurg vanwege eerdere bijwerkingen van haar medicijnen (Lupron, hormoonvervangingstherapie, anticonceptie) geen medicatie te nemen en verdere onderzoeken alleen uit te voeren als de symptomen terugkwamen.
- Ze nam een voedingsdeskundige in de arm en ging progesteroncrème gebruiken tegen de resterende symptomen van endometriose.
- Heeft zoveel mogelijk dagelijks geoefend met de 'Da Ai' Tao Kalligrafiekaart en vaak met video's van Dr. en Master Sha terwijl ze deze volgde in het Tao Kalligrafie Healingveld.
- In januari 2018 ontving ze nogmaals een healing blessing van Dr. en Master Sha. Haar symptomen bleven zich duidelijk verbeteren.
- In de loop van 2019 ontving ze talloze Tao Kalligrafie Lichtveldtransmissies.
- Haar menstruatie werd minder zwaar en de bijbehorende pijn is grotendeels verdwenen.
- Haar overgewicht werd minder.
- De constipatie (vanwege vernauwing in het sigmoïd) waarvoor een dagelijks klysma vereist was, is met 80% verbeterd.

- De scherpe pijn die ze vroeger tijdens haar menstruatie had is verdwenen.
- Geleidelijk aan is ook de pijn in haar knieën en onderrug beter geworden en is de forse zwelling van haar enkels verdwenen.
- In 2019, na jaren van arbeidsongeschiktheid, pakte ze haar baan als parttime administratief medewerkster van een schoolbestuur weer op. Dit werd later een fulltime baan elders met twee uur woon-werkverkeer per dag.
- Voor het eerst in jaren kon ze naar het buitenland reizen.
- Bloedonderzoek in januari 2019 toonde aan dat bijna alle waarden binnen het normale bereik lagen.
- Op röntgenfoto's in december 2018 werd slechts 'minimale artrose' gevonden.
- Uit een echografie die in december 2018 werd uitgevoerd kwam het volgende naar voren:
    - Adenomyose en baarmoederfibromen stabiel sinds 2014
    - Sinds 2014 afname van bilaterale endometriose van de eierstokken

Casus 2

- Vrouw, in 2007 gediagnosticeerd met chronische lymfatische leukemie en auto-immuun hemolytische anemie.
- Ontving de eerste persoonlijke healing blessing van Dr. en Master Sha in 2013.
- Direct daarna, in datzelfde jaar, begon ze met het sporadisch beoefenen van meditatie en qi gong. Haar toestand was stabiel, zonder verdere verslechtering.
- In april 2015 voelde ze zich erg zwak nadat ze vijf straten had gelopen naar de bank, en besloot vanwege kortademigheid naar de dichtstbijzijnde Spoedeisende Hulp te lopen.
- Ze werd onmiddellijk opgenomen op de Intensive Care met een Hb van 2,2 g/dl en een leukocytenwaarde van 1070.
- Een CT-scan liet een vergrote milt zien, vergrote lymfeklieren en een tumor op de lever.

- Op de IC werd ze een week lang behandeld met chemotherapie, prednison en bloedtransfusies. Na ontslag gebruikte ze gedurende vijf maanden uitsluitend prednison.
- Na verlaten van de IC in mei 2015 heeft ze drie maanden lang dagelijks Tao Kalligrafie healing op afstand ontvangen.
- Ze begon dagelijks zowel met Tao Kalligrafie als andere vormen van meditatie en qi gong te oefenen.
- In september 2015 (vijf maanden na opname op de IC) had ze opnieuw een afspraak bij de specialist. Haar leukocytenwaarde was gedaald van 1070 naar 99.
- Ze stopte met de prednison en bloedtransfusies (voor bloedarmoede).
- In mei 2016 werd ze opnieuw onderzocht door een specialist: Leukocyten 103, Hb 11,7 g/dl. Let wel, deze verbetering werd bereikt zonder verdere chemotherapie of bloedtransfusies.
- In maart 2017 (bijna twee jaar na haar IC-opname) is haar gezondheid nog steeds goed. Ze is positief en heeft vrede met haar ziekte, ze voelt zich emotioneel in balans, heeft energie en een goede conditie, en kan alle normale activiteiten van het dagelijks leven uitvoeren.
- Ze is van plan om een bedrijf te starten.

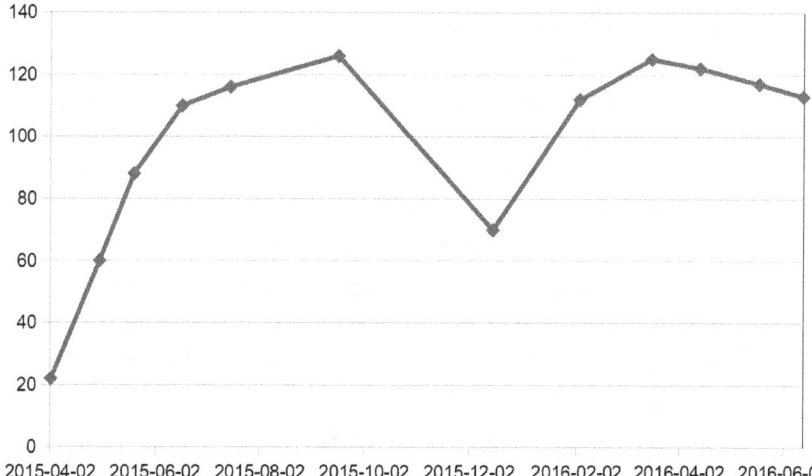

Aantal rode bloedcellen

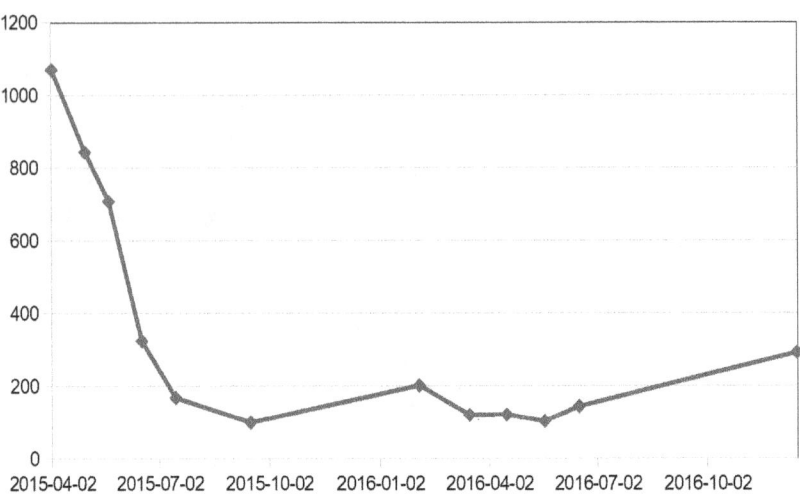

Aantal witte bloedcellen

Casus 3

- Vrouw. Toen ze vijf jaar was overleed haar moeder bijna. Het meisje ontwikkelde een hevige sociale angst, fysieke pijn (zenuwspasmen in de darmen), hevige woedeaanvallen en gevoelens van afgescheidenheid en onthechting. Dit werd erger toen haar vader zwaar alcoholist werd.
- Als volwassene heeft ze dagelijks last van nachtmerries. Ze wordt dan in paniek en doodsbang wakker met een verhoogde hartslag, zware ademhaling en badend in het koude zweet.
- Vanwege haar jeugdtrauma had ze ook last van voortdurende gevoelens van diep verdriet.
- Dagelijks doet ze gedurende in totaal anderhalf uur basisoefeningen met vergeving, chanten en Tao Kalligrafiekracht.
- In januari 2018 ontving ze van Dr. en Master Sha de Tao Kalligrafie Healingveldblessings en permanente Lichtveldtransmissies. De nacht daarop heeft ze doorgeslapen zonder nachtmerries. Ze zei: "Ik heb echt heel rustig geslapen."
- Sindsdien heeft ze voor haar aandoening nog meerdere Tao Kalligrafie Lichtveldtransmissies ontvangen.

- Vanaf november 2019 kan ze onbezorgd gaan slapen en heeft ze geen nachtmerries meer. 's Morgens wordt ze fris en uitgerust wakker.
- De symptomen van paniek/doodsangst, razendsnelle hartslag, zweten en ontwaken uit nachtmerries zijn volledig verdwenen.
- Ze is niet langer bang meer om te gaan slapen.
- Ze voelt zich blij en gelukkig, wat ze bijna niet kan geloven.

Casus 4

- Deze 78-jarige vrouw heeft een genetische aandoening van de dikke darm.
- In het rechter- en linkerkwadrant wikkelt haar dikke darm in elkaar met gedeeltelijke darmobstructie als gevolg.
- Gedurende haar hele leven heeft ze last gehad van lichte constipatie.
- In 2015 liep ze in het buitenland amoeben-dysenterie op.
- Sindsdien is er sprake van hevige buikpijn, aanzienlijk gewichtsverlies, zware constipatie en een opgeblazen gevoel in de buik.
- Als medicatie gebruikt ze onder andere hyoscyamine en Linzess.
- Ze ontving in januari 2018 bij haar inclusie in het onderzoek de eerste healing blessings en Tao Kalligrafie Lichtveldtransmissies.
- In september 2019 volgden aanvullende Lichtveldtransmissies en healing blessings voor diverse organen, systemen en energiecentra.
- Ze oefent ongeveer twee uur per dag.
- De constipatie is voor het eerst in haar leven volledig verdwenen.
- De gedeeltelijke darmobstructie is volledig verdwenen.
- Het gevoel van een opgeblazen gevoel in de buik is met meer dan 90% verbeterd.
- De pijn is sterk verminderd.
- Ze voelt meer rust, dankbaarheid en is toleranter.
- Ze is in staat om zelf de zorg op zich te nemen voor haar huis, huurwoningen en tuin, en helpt zelfs haar oudere huurders en gehandicapte zus.

Casus 5

- In 2013 kreeg deze nu 35-jarige vrouw steeds meer last van hoofdpijn en verminderde het gehoor in haar rechteroor.
- Onderzoek wees uit dat er behalve het gehoorverlies geen sprake was van neurologische afwijkingen.
- In 2013 werd ze op basis van een MRI gediagnosticeerd met een vestibulair schwannoom van 20 x 21 mm.
- In 2014 is de tumor gegroeid tot 27 mm en wordt ze geopereerd om hem te verwijderen.
- Om de functie van de gezichtszenuw te behouden liet de chirurg een resttumor achter van 5 mm.
- Een MRI in 2017 laat zien dat deze tumor nu 10 mm is.
- Er wordt radiochirurgie met een gammames aangeboden, maar patiënt besloot dit niet te doen.
- Als medicatie gebruikte ze onder andere pijnstillers en dexamethason.
- Ze bezocht verschillende energiegenezers.
- Nadat een ontmoeting met Dr. en Master Sha begint ze met het oefenen met Tao Kalligrafie, vergeving en chanten, variërend van 30 minuten tot 6 uur per dag.
- In september 2019 heeft ze een persoonlijk consult met Dr. en Master Sha en worden er een aantal negatieve shen qi jing-blokkades weggehaald.
- Ze krijgt voor haar aandoening twee permanente Lichtveld-transmissies, plus Lichtveldtransmissies voor hersenen, hart, lever, nieren, oorzenuwen, centrale zenuwstelsel, immuunsysteem, hormoonsysteem, spijsverteringssysteem en lymfesysteem.
- Er wordt gewacht op de resultaten van een MRI in oktober 2019.
- Ze is gevoeliger en ervaart in het lichaam sterkere energieën en trillingen.
- Ze voelt zich enorm licht; de strakte in haar hoofd heeft zich ontspannen.

Casus 6

- Deze 66-jarige vrouw had al dertien jaar lang last van woedeaanvallen, elke ochtend misselijkheid en braken, een stijve linkerknie, staar, en pijn van een gescheurde bicepspees rechts.
- In januari 2018 wordt ze als proefpersoon in het onderzoek opgenomen en ontvangt healing blessings en een lichttransmissie voor het helen van woede.
- Ze past Tao Kalligrafiekracht en Klankkracht (chanting) toe.
- In juli 2019 meldde ze:
  - De cataract was na de healing blessings zes maanden lang beter, maar is recentelijk verslechterd.
  - Ze heeft minder last van de gescheurde bicepspees.
  - De woedeaanvallen zijn 20–30% verbeterd in frequentie en ernst.
  - De ochtendmisselijkheid en braken zijn volledig verdwenen.

Casus 7

- Vrouw van 55.
- In 2017 gediagnosticeerd met burn-out als gevolg van overmatige stress (lange werkdagen en veeleisende zorg voor familieleden).
- Had last van een slecht geheugen en concentratieproblemen.
- In stressvolle situaties stotterde ze en kon ze niet meer normaal praten.
- Ze ontwikkelde slapeloosheid.
- Veel taken en activiteiten kostten haar meer tijd dan normaal.
- Bij stressvolle gelegenheden kreeg ze last van hoge bloeddruk en duizeligheid.
- Als medicatie kreeg ze candesartan en escitalopram (voor depressie) en lercanidipine (voor hoge bloeddruk).
- In 2017 ging ze met ziekteverlof van haar werk.
- Oefent dagelijks met het volgen van Tao Kalligrafie en chanten en woont ook oefengroepssessies bij voor Tao Kalligrafie Healingveld.
- Ontving in januari 2018, toen zij aan het onderzoek ging meedoen, healing blessings en permanente Lichtveldtransmissies.

- Haar concentratievermogen is verbeterd.
- Ze stottert aanzienlijk minder en praat weer normaal.
- Een jaar later (begin 2019) zijn haar depressieve symptomen dusdanig verbeterd dat ze kon stoppen met de medicatie voor depressie.
- Anderhalf jaar later (eind voorjaar 2019) stopte ze met haar hoge bloeddrukmedicatie.
- Ze zit nog steeds thuis met een burn-out.

Casus 8

- Deze vrouw van 57 lijdt sinds haar veertiende, inmiddels dus 43 jaar, aan agorafobie met paniekaanvallen.
- Agorafobie is angst in situaties waarin de omgeving als onveilig wordt ervaren en er geen snelle manier bestaat om deze situatie te verlaten. Hierbij kan het gaan om openbare ruimtes, het openbaar vervoer, winkelcentra of gewoon ergens buitenshuis.
- Haar emotionele pijn bedraagt meestal 8 op een schaal van 0 (geen pijn) tot 10 (meest hevige, ondraaglijke pijn).
- Deze angst beïnvloedt haar vermogen om te functioneren en is het sterkst als ze buiten is met andere mensen. Ze kan bijvoorbeeld geen auto rijden.
- In een vruchteloze zoektocht naar een oplossing heeft ze vitaminesupplementen gebruikt en natuurgeneeskundigen, psychologen, kruidkundigen, acupuncturisten, cognitieve gedrags- therapeuten en andere genezers geraadpleegd.
- Op het moment van inclusie en daarna zijn er diverse malen negatieve shen qi jing-blokkades bij haar verwijderd en heeft ze tal van Tao Kalligrafie Lichtveldtransmissies ontvangen.
- Ze heeft oefeningen voor zelfhealing gedaan, anderhalf uur per dag, beoefende onder andere vergeving, volgde Tao Kalligrafie en heeft gechant.
- In november 2019:
    - voelt ze zich over het algemeen beter
    - vindt ze het een stuk makkelijker om in gezelschap en onder de mensen te zijn en ervaart hierbij weinig tot geen angst

- is ze emotioneel stabieler en heeft met name minder last van boosheid
- is ze zelfs in staat om zich te ontspannen
- is ze zich meer bewust van haar gedrag en probeert dit te verbeteren

Casus 9

- Deze vrouw van 70 heeft last van artritis met ontstekingen in haar hele lichaam. Haar musculoskeletale klachten hebben betrekking op de nek, ruggengraat, schouders, heupen, knieën, handen en alle gewrichten.
- De artritis is 45 jaar geleden begonnen in de knieën.
- Haar polsen raakten pijnlijk ontstoken. De ontsteking en de pijn waren soms zo hevig dat zelfzorg niet mogelijk was. Ook kon ze niet normaal lopen en het optillen of vasthouden van zelfs de lichtste voorwerpen lukte niet.
- Als er in haar hele lichaam sprake was van ontstekingen, kon ze het huis niet uit.
- Als gevolg van de ontsteking ontwikkelde ze een afwijkende heupstand die resulteerde in pijnlijke heupen. Dit leidde tot verrekte spieren met chronische pijn en soms spierspasmen als gevolg van het compenseren van de onevenwichtige gang en stand.
- Als medicatie gebruikte ze dagelijks onder andere ontstekingsremmers en 200 mg Plaquenil per dag.
- Ze zocht tevens verlichting via traditionele Chinese geneeskunde, kruidenleer, acupunctuur en kruidenthee.
- Sinds ze in 2010 in aanraking kwam met de methode van soul healing van Dr. en Master Sha, zijn er negatieve shen qi jing-blokkades verwijderd en heeft ze verschillende Lichtveldtransmissies ontvangen.
- In 2010 ontving ze van Dr. en Master Sha een healing blessing voor haar opgezette knieën. De zwelling was vrijwel direct verdwenen en is niet meer teruggekomen.
- Ze beoefent vergeving, volgt Tao Kalligrafie en chant.

- In december 2018 was haar reumatoloog zo tevreden over haar verbetering dat de dosering Plaquenil verlaagd werd van 200 naar 100 mg per dag.
- Een recente röntgenfoto (januari 2020) liet degeneratieve veranderingen zien van de handen en voeten. Er waren geen radiologische aanwijzingen voor een inflammatoire artropathie.
- Ze kan nu probleemloos bewegen, inclusief volledig gebruik van de handen en draaien van de nek, die eerder wat stijf kon zijn.
- De heup- en spierpijn is verdwenen en ze heeft geen wandelstok meer nodig.

Casus 10

- Deze 50-jarige man werd in 1984 gediagnosticeerd met het 'gay lymph node syndrome' en verdenking op een acute hiv.
- In 1986 werd bevestigd dat hij hiv-positief was.
- Begin jaren negentig kreeg hij op basis van T-celwaarde van minder dan 200 de diagnose aids.
- In 1990 begon hij met monotherapie.
- In 1996 werd hij in het ziekenhuis opgenomen met aids-gerelateerde pneumonie en een T-celwaarde van 7.
- In 1997 begon hij met combinatie antiretrovirale therapie.
- Vanaf 1997 begon zijn T-celwaarde langzaam te stijgen tot halverwege de 500 en zijn gezondheid stabiliseerde.
- In 2006 maakt hij kennis met Dr. en Master Sha; hij begint zielenkracht te beoefenen en ontvangt healingveld blessings.
- Hij is combinatie antiretrovirale therapie blijven gebruiken, maar heeft ook talrijke Lichtveldtransmissies ontvangen.
- Dagelijks doet hij meditatieoefeningen voor zelfhealing en volgt Tao Kalligrafie.
- In 2013 was zijn aantal T-celwaarde weer genormaliseerd (boven de 700), en dat is zo gebleven.
- Zijn gezondheid is blijvend stabiel en hij leidt een actief leven, inclusief fulltime baan.

De algehele conclusies van dit onderzoek, waarvan bovenstaande casussen een steekproef zijn, kunnen als volgt worden samengevat:

- Meditatie met het volgen van Tao Kalligrafie inclusief Lichaamskracht, Zielenkracht, Geestkracht en Klankkracht was eenvoudig te leren, werd goed verdragen en er ontstonden geen complicaties.

- De uitkomsten van dit onderzoek bevestigden de doeltreffendheid van de combinatie Lichtveldtransmissies van positieve informatie en energieën plus het volgen van Tao Kalligrafie enerzijds met conventionele medische behandeling anderzijds.

Over de auteur

DR. EN MASTER ZHI EN MASTER ZHI Gang Sha is een wereldberoemd healer en transformerend leider, Tao Grandmaster, filantroop, verricht mondiaal humanitair werk, heeft Tao Kalligrafie Healingvelden gecreëerd en duizenden healers en leraren opgeleid. Hij is de oprichter van en schreef boeken over Soul Mind Body Medicine™, een complete methode voor soul healing, en Tao Science, de wetenschap van creatie en de grote eenwording. Dr. en Master Sha heeft 26 boeken in het Engels geschreven, waaronder 11 bestsellers van de *New York Times*, de Soul Power Series en de Heart and Soul Series.

Dr. en Master Sha is afgestudeerd in China als Westers arts en is arts in de traditionele Chinese geneeskunde in China en Canada en oprichter van de Tao Academy™ en de Love Peace Harmony Foundation,™ die zich inzet om gezinnen wereldwijd te helpen een gelukkiger en gezonder bestaan op te bouwen. Dr. en Master Sha is grandmaster in vele oude disciplines, waaronder tai chi, qi gong, kung fu, *I Ching* en feng shui, en werd op het Vijfde Wereldcongres over qi gong uitgeroepen tot Qi Gong Master van het Jaar.

In 2006 mocht Dr. en Master Sha voor zijn humanitaire inspanningen de prestigieuze Martin Luther King, Jr. Commemmorative Commission Award in ontvangst nemen. In 2016 ontving hij van de State Ethnic Academy of Painting in China de zeldzame en prestigieuze benoeming als Shu Fa Jia (書法家 National Chinese Calligrapher Master) en als Yan Jiu Yuan (研究員 Honorable Research Professor), de hoogst mogelijke titels in de Chinese Kalligrafie.

www.ingramcontent.com/pod-product-compliance
Lightning Source LLC
Chambersburg PA
CBHW070756100426
42742CB00012B/2156